DU MÊME AUTEUR

LAGON, LAGUNES, Éditions Gallimard, collection Continents noirs, Paris.

CONTINENTS NOIRS

Collection dirigée par Jean-Noël Schifano

Les littératures dérivent de noirs continents.

Manfred Müller

SYLVIE KANDÉ

La quête infinie de l'autre rive

Épopée en trois chants

CONTINENTS NOIRS *nrf* GALLIMARD

À Joseph Ki-Zerbo

Vous m'aviez promis que j'aurais du boulot
Vous m'aviez promis que j'aurais de la nourriture
Vous m'aviez promis de vraies occupations et de l'espoir
En vérité jusqu'ici rien du tout
Voilà pourquoi je fuis
Voilà pourquoi je me casse dans cette pirogue

DIDIER AWADI

Donnez-moi les muscles de cette pirogue sur la mer démontée
et l'allégresse convaincante du lambi de la bonne nouvelle !

AIMÉ CÉSAIRE

Un coup de vent heureux et les Chinois découvraient Lisbonne.

PIERRE CHAUNU

Mort beauté gloire éternité ! labours
Du semeur en l'espace étincelant, pour qui
Le Sel vient à douleur et s'efface toujours.

ÉDOUARD GLISSANT

Emmenant à son bord le Roi Don Sébastien,
Et dressant, comme un nom, très haut la bannière
De l'Empire,
S'en fut l'ultime nef, sous le soleil funeste
Déserte, au milieu de larmes d'angoisse
Et de mystérieux pressentiments.

Et jamais ne revint. En quelle île inconnue
Aborda-t-elle ? Reviendra-t-elle
Du destin incertain qu'elle eut ?
Dieu garde le corps et la forme du futur,
Mais Sa lumière le projette, songe obscur
Et bref.

FERNANDO PESSOA

Aissa plaça sept billes de jade dans chacune des trois cases en face d'elle. Dans cette variante, la moitié droite de la pirogue restait vide. Rama répéta les mêmes gestes. Ses mains s'arrêtèrent à l'orée de la grande faille. Celle-ci représentait la mer et était, au début, toujours déserte.

KHADY SYLLA

La mer à fond d'abysses est reposante
Or j'allais en pèlerinage vers ces abysses
Or la mer controversée
les algues enlisantes
les dédales de la loi
le règne animal plus répréhensible
que jamais
les amers s'ajoutant aux interdits
je refais ce geste de cacique.
Ma bouche est noire d'un tohu-bohu sanglant.

TCHICAYA U TAM'SI

Avant-propos

1325 : son pèlerinage à La Mecque accompli, l'empereur du Mali, Mansa Moussa, fit halte au Caire où on l'interrogea sur la manière dont le pouvoir lui était échu. Il déclara :

« Le roi qui fut mon prédécesseur, se refusant à croire qu'il était impossible de découvrir l'extrême limite de l'Océan, brûlait de le faire. Il équipa donc deux cents pirogues pour ses marins et deux cents autres remplies d'or, d'eau et de provisions en suffisance pour des années. Puis il ordonna au capitaine de ne revenir qu'après avoir atteint l'autre rive ou bien encore si l'eau ou les vivres venaient à manquer. Bien du temps s'écoula après le départ de la flotte. Un beau jour, l'un des bateaux revint. Aux questions de notre roi, le capitaine répondit : "Sire, nous avons vogué jusqu'à un puissant courant qui ressemblait à une rivière. Mon bateau étant le dernier de la flotte, les autres navires s'y engagèrent sous mes yeux : je les perdis de vue et ignore leur sort. Pour ma part, j'ai rapidement changé de course et me voici." Mais l'empereur n'ajouta pas foi à ses dires et affréta deux mille bateaux : mille pour lui-même et ses

hommes, et mille autres pour les provisions. Après m'avoir confié la régence du royaume, il embarqua. Plus jamais on ne les revit, ni lui ni ses compagnons de voyage. J'ai donc assumé la royauté à part entière. » (Adapté d'al-Umari.)

Récit néo-épique, La quête infinie de l'autre rive *évoque les tribulations, triomphes et contemplations de ceux qui, par goût de l'aventure, soif de connaissance ou nécessité économique, se lancent en pirogue sur l'Atlantique. Hier, ils étaient des milliers qui, sous la conduite d'Aboubakar II, alias Bata Manden Bori, alias Manden Mori, ou Bakari, mirent le cap sur l'Amérique ; aujourd'hui ils sont des dizaines de milliers, qui, dans l'espoir d'atteindre l'Europe, s'embarquent audacieusement sur l'océan. En filigrane, le texte s'interroge sur la possibilité d'une histoire autre, si les expéditions malinké avaient, avant Christophe Colomb, « découvert » l'Amérique.*

S. K.

I

Ils rament désormais sans chanson ni ahan
Depuis combien de temps… savoir… combien de saisons…
depuis combien d'îles-mirages apportées par les vents
ramaient-ils repus de roulis et gavés d'embruns…
Mémoire brouillée de ce-que-c'est-que-d'avoir-les-pieds-sur-
[terre
et paupières en chamade
ils ne se soucient plus à présent que de la vague qui va
se dérobe
et revient

Paysans qui sur le tard s'étaient faits marins
ils cadencent leurs corps
pour fendre de la pointe gâtée de l'aviron
les mottes violettes de la grande savane salée
que nul sillon ne marque
où nulle semence ne lève
(Mais à dire la mer
peu siéraient les mots de la terre)
Au point de ce rêve

ils étaient une myriade
ni plus ni moins
qui passèrent en riant la barre de corail et ses fleurs
[vermeilles :
n'en restent que trois barques en dérade
pleines mais pleines à chavirer

À pagayer leurs bras se sont faits pagaies
rivées dru à leurs torses noueux et bruns
et leurs pieds mangés de sel ne sont plus que moignons
qui ventousent au creux de la coque par le vif de sept plaies
Du vertige de leurs douleurs ils puisent encore la force de
[ramer :
oh le zèle hautain de ceux qui connaissent leur mort
approcher et préfèrent regarder au-delà du certain

Dans l'embarcation de tête ils rament de bel unisson
(barons et façonniers captifs et archers)
un restant de kola au bord de leurs lèvres amères
et sans désemparer
mis à part deux bougres vautrés dans la sentine
qui ne cessent leur bourdonnement
que pour adresser à la nue sans oiseaux de baveuses
[imprécations :
leur folie qui vient juste d'éclore s'affiche bruyamment
Mis à part aussi le tout jeune garçon
que la poix du soleil finit et calcine

Il avait pourtant promis à son aimée
de revenir avec tant de lustre et d'aisance

qu'on en oublierait jusqu'à sa médiocre naissance
et qu'on le quitterait de sa prétention
de faire d'elle à tout prix son honneur
Je vais durer sur l'eau : à mon retour m'aimeras-tu bien...
De la seconde pirogue on mandera le préposé aux défunts
pour couler l'enfant
avec un rien de sacrement
ou bien quelques prières : c'est selon
Taciturnes les autres embarqués continuent de souquer
d'autant plus ferme d'autant plus souplement
que l'effort n'a pour l'heure plus de fin
Quelle épreuve que le tourment

Nous nous étions là d'abord
à ramer debout pour notre foi
pour le Manden et surtout pour notre roi
Bata Manden Bori aux gestes mélodieux
Celui qu'on nomme aussi Aboubakar le second
Celui que tous quémandent et qui ne quémande que Dieu

Or voilà que tout soudain il quitte les tréteaux
où d'ordinaire il repose en équilibre sur un flanc
coude en équerre et nuque au creux de la main
avec lové dans son aisselle ce chat abyssin
qui peut sans faute prédire
bonaces et ouragans
brumes et grains
Le voilà notre prince qui se coule
à travers les lambeaux taillés par la houle
dans le dais aux couleurs de notre empire

une étoffe jaune et rouge
que surmonte en gloire
son enseigne : un large vautour d'or
au vol abaissé et au col en attente
Nous ses loyaux partisans
soucieux de son aplomb
relâchons quoiqu'à grand-peine
l'arc de nos reins

Mais son pas prudent est celui de l'ibis gracile
indifférent pour ainsi dire
à l'infini tracas du ressac
Son tambour le talonne : c'est une femme menue
(l'éclair d'une bague à chacun de ses doigts véloces)
à la voix qui tranche l'air comme vouge
et lamine des flots la crête noire à perte de vue
Qui mieux que toi Simbon
mérite le beau nom de chasseur…
Qui d'autre que toi maître des carquois

Derrière les barreaux de nos cils
questions et raisons ne laissent de frotter leurs chaînes
cependant qu'Aboubakar à la proue s'avance et représente
Ses cheveux détressés sargassent et scintillent dans la
[bourrasque
Sa narine ourlée de sueur accueille de l'océan la forte
[haleine
(Sans doute son honneur essayé mesure-t-il aussi la profondeur
[de la fosse)

méritérait mieux le nom de voyageur
engagé que tu es avec le large dans ce furieux négoce...
Car elle (la mer) c'est souvent qu'à cru
elle monte ses grands chevaux
de vairs destriers qui piétinent l'épouvante
se cabrent et s'abattent en plein galop
À croire qu'ils luttent et à l'envi s'emmêlent
pour éreinter de leurs sabots féroces
nos trois derniers rafiots
(Mais à dire la mer
point ne siéent les mots de la guerre)

Comme qui dirait bourrelés par l'attente
nous ses canotiers sommes là d'abord
une goutte de temps
suspendue
au
fil
de
nos
p
a
g
a
i
e
s

Ah ces pagaies parlons-en (elle fait)
Mais pas avant qu'on ne m'ait versé de l'eau

pour humecter mon dire
pas avant non qu'on ne m'ait servi
du miel pour sucrer mes paroles
Seriez-vous donc comme les abeilles
du Royaume aux Sept Portes
ces rageuses qui
au mitan de la morte saison
gardent l'abord des puits
serrées en malignes cohortes...
Quoi c'est là tout ce que l'on m'offre...
Fils de l'avarice escompteriez-vous
qu'au Clair Pays une fois revenue
je chante les exploits de ceux qui me refusent
les trois derniers grains de mil qui collent
au fond crevé de ce grand coffre
hier garde-manger aujourd'hui trompe-la-faim...
La main qui donne est toujours au-dessus
(croyez-vous) de celle qui s'ouvre et se tend
Moi j'insulte, encense et abuse :
seule je peux dire je veux
en pointant du doigt mon désir
Le don me plaît mais ne m'engage point

Ajoutez encore Si fait C'est bien mieux
Maintenant que j'accorde mon instrument :
voyez je rime et vous ramez
pour nos aïeux
pour Bata Manden Bori notre beau sire
et pour les fils et filles du Manden

Maninyan c'est moi Nassita Maninyan
c'est bien moi pour vous servir
Exceller oui j'excelle à chanter les héros
(même l'opprobre et le parjure
quand il s'agit d'eux
je sais les couvrir d'un mot
ou d'une belle tournure)
Je nomme leurs noms et louange leurs exploits
qu'ils ne soient demain tous oubliés
Car l'histoire est une marâtre quand la mémoire
est orpheline Ces avirons disais-je une merveille :
taillés dans du bois d'iroko
ils ont au manche un embout d'ivoire
Sur leur hampe vrillent un fil de cuivre et un autre de fer :
ainsi mon récit où se mêlent grandeur et misère
s'enlace à vos vies
et les plonge chantournées en destins
dans les remous de la poésie
et du temps
Qui mieux que toi Mali-koi…

Repliant les mancherons de sa dalmatique
il fait face à ses hommes : Causons
Seuls les deux fous augmentent le tapage
Chef des almadies et vous preux compagnons
qui me suivirent à ma nauf que dis-je m'y portèrent
que mon pied ne touche la prose de la plage
un écueil immergé l'irritante laisse de mer
loué soit votre grand cœur
D'autres que vous s'en sont allés en révolte

vers ce qu'insensés ils croyaient être la côte
À vouloir attacher deux œufs fait le premier
en se grattant la panse
en la grattant au sang
L'autre ricane une algue nostalgique
fichée dans la débâcle de ses dents

Las oncques ne bâtirons la nouvelle Niani
jamais n'édifierons un second Dakajalan
Nous seront donc épargnés la fondation et ses crimes :
nos dieux n'en bousculeront pas de plus vulnérables
nous n'imposerons pas à une terre rétive
hôtes le matin et le soir maîtres de céans
nos mains et nos façons
Mais point ne sommes un Mali en perdition
seulement affairé à déplorer la fin de son viatique :
bien plutôt un rêve irrévocable
qui préfère se saborder que de se rendre à la raison
Notre voyage fut doux paladins :
il vient de commencer et n'aura pas de fin
car nous restons la chance de la mer
de découvrir ses bornes et chacune de ses rives

Prions ensemble Celui dont les quasi cent noms n'épuisent
[pas l'immensité
et aussi le Maître des lieux liquides et du vol des écumes
je dis le Dieu qui fait ondoyer l'Océan
en y forant de formidables précipices
Qui mieux que toi prodigieux pèlerin
et enlevons pour eux les derniers sacrifices

Mansa à ses vassaux si aimable
(elle crache emplie d'amertume
par son étrange volubilité :
Ne serais-je donc plus l'écho de sa voix sublime...)
mérite mieux le titre de horon...

Déjà le chef des rameurs se fait enrouler
dans un pagne noir et blanc un suaire
moisi par places quoiqu'encore dans son neuf
Il demande pardon à ses nautoniers
et à sa mort la route
vaticinant que de toute cause ils sont bel et bien veufs
que la fin du monde arrive à marches forcées
dès lors qu'une femme touche au bolon de guerre
en faisant avec une queue de lion des moulinets
et que nos rois devenus loquaces
se plaisent à sortir le fétiche de la besace

La Maninyan interrompt cette aigreur d'un hurlement :
Ôte de moi ta bouche vieillard et écoute
Ignorerais-tu qu'à l'annonce de ce voyage
nos fina et nos djeli en leurs conciliabules
se sont prononcés pour l'amnésie... Quel outrage
firent-ils Un Mansa jamais ne capitule
laissant à un régent le soin de sa concession
Que d'orgueil Se piquerait-il de surmonter Soundiata
dans ses conquêtes terrestres
de parfaire l'œuvre du général Tiramagan
d'éclipser par avance de Moussa le pieux le pèlerinage...
Fi quel orgueil C'est dessein de piètre aloi

en posant au-delà des marches du Mali
ses pas ses armes et ses lois
Pour nous la cause est entendue
Elle l'est Pas un mot de plus
C'est bien Moussa à la large dextre
qui succédera à Niani Mamadou l'augure
lequel a succédé au bon Ko Mamadi
Mer et mépris priveront de sépulture
ce songe creux ce rebelle
dont l'hypothétique existence
s'évoquera mieux au conditionnel

De rage j'ai alors saisi bolon ngoni et queue de lion
que mon époux serrait dans un certain réduit
et sans plus d'apprêts j'ai joint l'expédition
Quoiqu'il arrive par ma vie je le jure :
rien pour ma bouche ne sera trop grand
Et d'ailleurs qui a gâté pour nous l'Océan...
Mais voilà que les vents vocifèrent
aux naufragés qui redoutent :
c'est à la qualité de la démesure
que l'on connaît la maison

Dans la troisième pinasse
(celle des femmes)
c'est une autre coutume qui règne
Quatre d'entre elles ont plongé sous la ligne de flottaison
afin de rafistoler la carène
D'autres écopent l'eau qui monte avec des calebasses
Sous un auvent une gente dame

fait tresser ses cheveux roussis et trouve distraction
à observer son amie que l'on masse
tandis que trois petites s'acharnent à prendre du poisson
À l'écart se tient celle dont le ventre refuse la graine
et qui a voulu offrir son ordalie et sa jeunesse
en repaiement d'une dette ancienne
au vrai contractée par d'autres au temps d'antan
C'est que malgré brèches et gerces
elle tient la vague en respect cette pirogue tierce
qui s'efforce et besogne
On y rit on y prie on y rame
On y fait moult quolibets sur les hommes
et toutes manières de chansons :
même de la mort on se gausse
et sans aucune vergogne

Mais cette effervescence à présent transit
et les cœurs soudain aqueux des marins atermoient
Calme sournois : la mer tombée en dormance
remugle oscille et divague encore
Regardez plutôt comme Bata Manden Bori
se prend à chalouper haut et grave sur les planches
Sans répit il tournoie tressaille et se penche
Le voilà finalement qui entre en une rapide transe
et comme un qui à l'envol s'apprivoise
lève déjà son pied rouge d'impatience
Puis à secousses il s'abstrait et s'épure :
son nez s'allonge en un bec recourbé
les manches de sa saie lui font de belles ailes
et son dos s'empenne sur toute son envergure

D'un saut il se perche à la proue de la nacelle
et ses griffes nouvelles crochent le bout-dehors
Fuse alors le cri de l'oiseau pipé
qui trop tard reconnaît la chanterelle
Regardez le roi regardez Manden Bori
silhouetté sur l'horizon moiré de rose
qui à l'étrave se fige et à jamais prend bois
L'égal de l'oiseau ne sera plus que sa métamorphose

Sur les tréteaux resté
l'imam égrène de trémulantes prières
lamentant ce djihad qui s'inaccomplit
ce pèlerinage sans sanctuaire
tandis que nos deux égarés tour à tour
font mine de se défaire
en enjambant de la pirogue le bord au vent

Les autres hommes d'instinct se cherchent les armes
que sous la teugue ils tiennent :
remède à la terreur une mâle colère
leur bat aux quatre veines
À vos noms à vos rames
jappe de ces guerriers le plus poltron
l'essentiel est d'avoir goûté la honte
Mais trêve de proverbes, d'adages et de dictons
trêve de rengaines
Si c'est notre lot nous saurons bien un jour
sur quels rivages innommés l'océan à la vaste mémoire
s'en va brisant ses lames

Longtemps éparse près de la proue
(à dire fagot de bois sec noué
par la seule hâte d'un haillon)
Nassita Maninyan finalement s'ébroue :
encore roide et convulsée
elle tente un pas de marionnette
Puis impatiente d'arracher au montreur
les fils qui à contrecœur la font pivoter
elle se délie en un tourbillon
et exécute quelques triomphantes pirouettes

Ah gens de chez nous que j'évente vos chagrins
et vous exhorte à poursuivre l'aventure
Séparés de vos lougans et lignages en friche
(je demande) pourquoi donc auriez-vous cure
de mener plus loin vos corps découvrir
peuples terres et savoirs nouveaux...
Votre seule crainte c'est que la mort vous refuse
vous qui ne souhaitez plus de vie que ce que l'on mesure
à l'empan de deux mains accolées
Et tandis que se vident les radeaux
vous en venez même à honnir
le héros et son impérieux destin
qui est de s'imposer aux siens
sous couvert du trouble des temps
— quitte à entraîner vers l'abîme
alliés subalternes et utérins

Car il vous paraît que derrière chaque vague
nonobstant les beaux coups que vous lui portez

en viennent mille et cent qui lui ressemblent
navrer les flancs écaillés de vos navires
Sachez-le bien : si loin que soit l'ultime
il n'est que du présent l'aboutissement
Et si loin si loin que soit la côte
elle finira bien par briser des flots
la démente estocade et le redondant assaut
Compagnons la foi est au désespoir l'antidote :
vous en avez alentour abondance et qualité
Plongez-y bientôt vos pagaies ébréchées
retirez-les trempées comme cimeterres
et (s'il plaît à Dieu cela s'entend)
la terre émergera à brusque portée de javelot

Mais nous tristes féaux sur nos vieux bancs de nage
nous deult seulement de songer au nocher de l'utopie
à Manden Boukari l'empereur aux gestes mélodieux
que tous aimions de belle et entière affection
Sans lui qu'importe le succès de l'expédition...
Or que sa griotte nous conseille à grand renfort d'adages
Faran Dabo se lève pour mieux se faire entendre :
d'anciennes cicatrices lui purulent au visage
et à tout mot qu'il fait le sang jaillit de ses gencives
À voir cet archer (naguère mafflu et pavoisé
et où les femmes en frémissant se retournaient)
à ce point chétif que les macatons ont glissé
de ses bras sans chair à ses poignets osseux
pour pleurer de pitié nous détournons les yeux

Que ne nous a-t-il sauvés s'écrie-t-il crotté de bourbillons
Vous connaissez cet épisode mieux que moi :

lorsque dans son courroux le dieu du fleuve Gambie
ordonna au vent de fraîchir et à Tiramagan chavira
sept des meilleures pirogues de son convoi
ce dernier mit au clair son sabre
et troussant jusqu'au coude son courage
fit à la crue divine offrande de son doigt
On dit que la flotte aborda l'autre rive
sans plus d'avaries ni de dommages

Sur l'entrefaite Férinbé-Ventre-Sans-Joie
cheveux dénoués et mains en porte-voix
lance depuis la troisième almade
une semblable et rauque algarade :
N'est-ce pas que Pemba fut châtié d'avoir songé
à enceinter la terre née de son propre placenta...
Aboubakar est puni pour s'être tant et tant acharné
à battre l'estrade et traverser l'océan
épousant la première chimère
qui à son esprit s'octroie

Faran et Férinbé bouches déchirées
braillent les deux lunatiques toujours sur le qui-vive
Pourquoi aujourd'hui ce palabre...
De plus belle ils se griffent et se culbutent dans la coursive
empêtrant aux méandres des saisines
et aux mailles des filets
leur glabre nudité

On s'indigne on murmure Nassita s'interpose
Gens de bien Dabo bataille avec cette métamorphose

et tout comme les vôtres ses yeux profanes
sur les merveilles ne sont point dessillés
(Mais à peindre du mystère tout l'abcons
que peut le hasard d'une glose...)
Grand est le sacrifice de votre amiral
grand son amour et plus grand encore son regret
Ô Mansa Aboubakar vautour royal
homonyme de Manden Bori le doyen des chasseurs
maître du fer et fléau du Manden
aide-moi donc à leur expliquer ton arcane
Ainsi dans certaines provinces voit-on
les peuples natifs du littoral
emmancher au bout-dehors de leurs bateaux
une palette oblongue sculptée en forme d'oiseau :
y faseyent fanions et drapeaux en soif de rafales
Amis gardez-vous de prendre deuil d'un empereur
dont la mort n'a pas éclaté Honorons plutôt
sa passion qui fait claquer vos étendards
au-dessus des ennuis de cette traverse
Honorons ce bastion
qui vient vous enseigner
l'invisible voie du vent

Au ponant éclate un feu de brousse
Gloire au maître-chasseur assis à la poupe
entouré de cornes et de cauris :
son œil droit par l'eau pourpre envahi
flambe Le gauche énucléé
(un fragment de miroir
dessus l'orbite vide)

va bientôt réfléchir
des cieux indigo le sidérant lacis
Sans égal dans ce monde ni dans le suivant
il se nomme Karamogo Dantouman
ou bien encore récite l'aède
le boucher des savanes l'éventreur des halliers
au chef nimbé d'une frénésie de taons
Au temps de son zénith
il battait les forêts un dogue à ses côtés
buvant l'eau des marais fétides
et dormant dans les troncs creux
qu'aux gnomes il disputait
Ses mains ligneuses et couturées
étudiaient les vestiges : il en entraînait une à tuer
l'autre à cueillir des remèdes
De plantes et de viandes sa gibecière était toujours bourrée
mais sa tunique chamarrée d'étranges talismans
avertissait de sa route pleutres et brigands

La félone à son réveil mugit et mousse
à tours pousse et fléchit
avec des mouvements de croupe
comme pour l'aguicher
Lui qui s'y connaît en gros gibier
rétracte un sourire :
si je savais où la mer cache son fétiche
son temps serait pour de vrai fini
et j'allais la dompter
Ainsi parlait Dantouman le seigneur des brisées
l'émule des grands fauves sans pitié

et il embouchait son sifflet
cherchant toujours la meilleure trajectoire
pour le coup de grâce férir
au cœur de l'inquiète noiseuse

Ténemba Dantouman impavide belluaire
es-tu vraiment l'homme d'un geste si onéreux...
Ne t'appartient-il pas plutôt de séparer les lieux :
d'un côté la mer que tu surveilles
à l'affût de terrifiants prodiges
venus de trois âges et de sept directions
de l'autre ces nefs que de ta gaffe légère tu diriges
observant chaque nuit la carte qui scintille au firmament
et remettant sans trembler le cap
sur une éternelle question

Aussi bien fallait-il que tu prennes sur toi
lorsque tu vis émerger à un jet de harpon
le front minéral du monstre marin
et s'arrondir son œil petit et plein d'effroi
Tu lui baillas un coup puis un second :
il bramait d'étonnement plus que de colère
D'une pluie de sagaies tu taillas sur sa peau pariétale
de fraîches béances et de sanglants cratères
tâchant d'y assurer de loin tes crampons
Troublés tes compagnons te regardaient ouvrir
treize issues au danger sept portes pour l'ombre
dans les flancs de la bête avant qu'elle ne sombre
dans l'obscurité sans nom des souilles hadales

Déjà la nuit s'est avancée jusqu'à envoûter la lune
Au loin on entend un troupeau de signes
écraser sous leurs sabots les dunes d'eau
qui croulent pour se relever montagnes derrière eux
Débridés ils se bousculent et de vive force se piétinent
tandis que le ciel se fend sous le poids d'un déluge
Le grand serpent fouette ce bouillon de sa queue
et ses anneaux squameux brillent dans la brume
Le vacarme est foudroyant et impuissant le vieux langage
Ah Karamogo Dantouman (œil unique et double vue)
deux chemins qui s'affrontent ne font pas un Carrefour :
où déposerais-tu les sacrifices sur cette lande de sel saoule…
Compterais-tu encore sur les dix nœuds
qui abrègent tes cordes magiques
pour protéger le restant de l'équipage…
Sans répondre il plonge son âme labile
sous la stridence des flots alentour
et voit des choses d'ici toutes les répliques :
les vallées, les monts et les villes des morts
où l'on cuit déjà à pleines chaudronnées
le riz de la bienvenue
pour les matelots de naufrage étouffés

Dantouman sait le moment suprême venu
Toute vie est une vie aimait-il à prononcer
et chacun paiera au centuple la mort de son prochain
pour peu qu'elle se révèle indue
Maître les choses de la brousse ardente
ne sont pas celles non des marées déferlantes
Dans ce monde sans poussière

que du regard tu foulais ermite divers
moissonnant à foison le nyama du salut
il fallait tu t'en doutes d'autres récits d'autres rites
(Mais à comprendre l'immensité de la mer
que peut des mots menus le corps à corps insolite...)

Les signes approchent en beuglant et à toute vitesse
empilés l'un sur l'autre en une tour colossale
— un mélange d'air d'écume et de râles
qui vient surplomber les trois fétus en détresse
au milieu des lueurs et des tourbillons
Des hommes sont boutés à la baille qui hurlent
les autres s'arriment tant bien que mal
au plat-bord ou à l'ancre de miséricorde
L'un des deux follets est assommé par un paquet de mer
Éperdu l'autre agite en tous sens
ses bras grêles et visqueux comme des tentacules
Défiant le tonnerre un appel sonne par intermittence :
Inutile de rassembler nos paroles crie la femme
Nos médecines ne peuvent pas contre l'ouragan
Et puisque le vent refuse pardon :
nageons arrière et sans désordre

Une autre voix module une complainte
qui regrette la douce terre de Mali
en or et en futaie si plantureuse
ses rivières charroyeuses de vie
le Djoliba qui sépare les terroirs et les unit
ses villes de tata enceintes :
Dakajalan et Djériba qui recèlent

Byty qui veille au milieu des rivières
Kankaba et Niani les toutes vénérables
Kirina de sang fraternel abreuvée
Mais que Dieu dans son infinie mansuétude
nous pardonne (s'inquiète l'imam
en entendant parmi la bourrasque
les longs gémissements de ses fidèles)
tant de gris-gris de bois de sortilèges
suspendus à la proue pour conjurer l'incertitude
À l'heure de notre fin qu'Il nous protège
Celui qui donne et à volonté retient
Naréna la belle Tabon Wagadou Méma-
-qui-as-tu-vu-passer-qui-l'heure-venue-s'en-retournera
Connaissez-vous Kélikoro la prude...
et puis Djenné aux deux noms et aux quatre vérités

À moi compagnons de fortune
barons et archers captifs et façonniers
sujets de Mali et vous autres au tribut soumis
Et puis Kita Djéliba-Koro Tabon Niani le fief des Konaté
Naréna la belle Tabon Wagadou Méma
préparez-vous sans me décevoir
rugit la Maninyan ramassée contre le vaigrage
À chacun sa manière de trépas
mais la renommée du brave ne finit pas
À chacun sa part de chance
mais faute de pèlerins ne cesse pas le pèlerinage
Ramez toujours plus droit ramez donc plus fort

Car la flèche qui te cible
s'il t'est impossible

de l'esquiver d'une feinte
il faut qu'en pleine poitrine
t'en atteigne sans faillir la pointe
Un par un elle cite
chaque batelier par son nom
et par celui de sa mère
Hommes et femmes de haute vertu
préparez-vous sans crainte :
ce nom n'en doutez pas
vous l'avez augmenté
vous l'aurez accru
D'honneur et de vraie courtoisie
nous vécûmes mourons avec talent
Laissons nos souffrances témoigner
de l'excellence de notre geste
comme de la splendeur de notre achoppement
Quelle que soit l'issue
battez la vague et cavez le vent :
ce n'est pas un ossuaire
qu'aux grands fonds vous apprêtez
c'est un monument de mots
que glorieusement nous nous érigeons
afin que le récit retourne à la terre
sans jamais s'y ensevelir pour autant

Preuve par le chant : un éclair vient séparer
la peau du ciel de celle de l'eau
tout à leur torride accouplement
Affalé sur trois canots qui font eau de toutes parts
l'ost spectral se glisse dans l'interstice

aux vagues et aux flammes forclos
Les voyageurs n'auront plus besoin de ramer :
à l'infini ils vont désormais s'accoutumant

Mais au fond des abysses glauques
les doubles des pour-être-enchaînés-estampés-lacérés-avant-
[que-d'être-jetés-muets-d'horreur-hurlant-de-rage-par-dessus-
[bord-à-la-grâce-des-chiens-de-mer
croisaient leurs mains sans chair
au sommet de leur crâne
Non l'histoire ne serait pas écrite autrement
et la mer de prendre sur elle la fable
de rouler son blues au-dessus des naufrages
et des longs banquets tristes des mânes
dans leurs nécropoles de sable blanc

II

Mais rebroussons chemin
et reprenons le récit à sa dernière fourche
Nous quitterons le sentier senestre
et bien délibérés à la récidive
réciterons la fable moyennant retouches

Ils auraient pu ramer jusqu'à demain
plongeant dans la houppée leurs longues pales en bois
et pelletant par tas et monceaux cette eau verte
qui obstinément revenait les sabouler
Leurs pognes crevassées font jaillir des joyaux :
gouttes de jade perles d'opale et d'un diamant le feu parfois
Pleurant de soif chacun fixe au loin un clapot
et songe à part soi : pour l'amour de nos aïeux
tâchons de faire force et de l'atteindre au moins
Mais au fur et à mesure qu'ils avancent
la vague change de ton de forme et de sens :
tantôt elle effleure l'étambot du bateau de tête
carole follement cloque puis éclate sous leurs yeux
tantôt elle fuit comme une bête sauvage

afin d'échever leurs savantes approches
Ah beaux amis qui m'écoutez qui dit
j'en fais mon affaire se corde pour l'esclavage
Sans plus de bravade ils éliront nos taiseux
une autre vague un autre remous
pour dire jalonner
cette vallée sans écho
cette fluide folie
cette immense absence de paysage

Quant aux piroguiers d'aujourd'hui
(le vrai est parfois détestable)
ils ne font que chicaner le flot
Godillant au gré de leurs foucades
ils chantent beaucoup pêchent un peu
Survient-il la moindre embardée...
le temps vire-t-il au gros...
À la sauvette nos caboteurs font demi-tour
imputant ce mauvais sort à leurs proches
et remettant déjà leur âme à Dieu
Puis ils lèvent haut les rames
échouent la barcasse toute vibrante sur le sable
et l'y abandonnent jusqu'à l'embellie
Sans mentir il n'y a plus de nos jours
de piroguiers qui connaissent bourlinguer

À la bonne heure : *la vérité rougit l'œil sans le crever*
Les canotiers d'Aboubakar le second
ce vrai descendant du père de notre empire
ce héros né à assouvir son singulier destin

ce seigneur sans pareil ni parangon
Et de grâce ne va pas raccourcir ta parole
notre empereur parti dans la fleur de son croît
découvrir avec ses partisans et son train
les orées de la mer et de la terre les confins
y prosterner certains grands royaumes rebours
y rompre quelques armées et l'ennemi occire
Mansa Aboubakar dit Bata Manden Bori
cet homme et demi qui va posant sur l'incertain
le regard de ses yeux brûlant d'arrogance
et sur la batayole sa fine botte de cuir carmin
Manden Bori droit et lisse comme un rônier
Lisse comme rônier et comme lui sans descendance
les piroguiers vous disais-je de ce prodige fait roi
c'est jusqu'à fatigués qu'ils auraient pu ramer

Halte-là : pour autant que je sache
notre empereur (mansa plus que fama)
était d'une nature à la conquête peu encline
Épris depuis toujours des choses de l'esprit
il fuyait mêmement louanges et estours
Au su de tous son grand amour de la doctrine
le tenait le plus souvent sans dormir
jusqu'à ce que l'aube le force à la relâche
Son chef pesant lui avait voûté le dos ralenti le pas
ses prunelles larges et ternes redoutaient midi
Arpenteur entêté des blanches galaxies
Boubakar ne mangeait mie
et négligeait ses femmes

Quoi... Je le vois efforcé et dru
le visage balafré d'un sourire sans blâme
et le poignard au flanc à talonner son impatience
De son regard de voultre où son double se terre
il arrête les flèches qui sur lui conspirent
repère l'or qu'on oublie de porter à sa connaissance
trousse une courtisane ou transperce un adversaire
Le Coran j'en réponds il ne l'a jamais lu

Je tiens qu'il parlait peu et même en vint
dans le décours de sa studieuse existence
à accabler sa mémoire et douter de son ombre
Toujours à l'affût des chuchotements du divin
un seul désir le travaillait : savoir si le monde
avait bien la rondeur grenue d'une gourde
— ou si plate comme une paume de paix
une terre unique souffrait qu'à son entour
l'océan entaille de son massif estoc
ses longs doigts de sable de craie et de roc

Je dis qu'il parle peu musclant son geste
et affûtant le tranchant de son verbe — suspicieux
ô combien de la parole qui s'épanche et mime
Chacun sent que sur ce solitaire
repose de la destinée le faix :
pour avoir longtemps essuyé et subi
il peut enfin triompher et punir
car l'action seule sait son cœur refroidir
Il n'a quitté son royaume de latérite
qu'en vue de frayer une route maritime

à des caravanes qui vogueront lourdes
d'hommes d'encens et de bois précieux
— charriant de surcroît un lest
de poudre d'or et de pépites
Convoyées par l'élite de ses matelots
les voilà qui cherchent un mouillage
dans une crique secrète de ses songes
Il a pour lui tout l'or de la terre
et en veut maintenant tout le sel
Mais s'il en parle parfois
c'est sans jamais en dire mot

Ô roi dissimulé dont le projet funeste
Il n'y a que la mort qui tue
Et que la foi qui sauve
fut nuit après nuit maillé
au grand dam de tes sujets
Il n'y a que la vie qui meuve :
n'a pas longue vie qui tout veut mettre à l'épreuve

Or ce jour-là avait franchi depuis
l'heure du lait celle de l'or et puis du sang
(mais qu'est-ce qu'un jour qui récuse sa fin...)
quand tout à coup les rameurs refusent de ramer
Résolus à mourir que d'aller plus avant
ils plaquent leurs bras durs et gonflés
sur des genoux que l'effort a raidis
et ensemble courbent la tête
sur un ventre que la vermine ballonne
Qu'importe si les vents sur eux s'époumonnent

que Soli le chef de nage fouaille leurs nuques
et zèbre leurs reins de cinglantes sommations
enfin de mille manières les bousque...
Le malheur toujours enfante son lendemain :
le tout c'est que de l'opprobre
ton étranger ne soit témoin

Sous sa tente où flottent des gonfanons
le roi ennuyé qu'on atermoie
sent que son souffle s'enrauque
il sent rougir son foie :
Qui a rendu ces tireurs d'avirons
si osés d'arrêter sans ordre les miennes galées...
Son chambellan vient lui demander avec instance
de pondérer cette trop légitime colère
en apprenant de l'espalier toutes leurs doléances

Tel un mât vermoulu Soli le géant
convoqué pour une subite audience
s'écroule de toute sa hauteur
devant les gradins du château arrière
où est le tabouret du roi abrité d'un baldaquin
Y sont aussi son chapelet sa peau de prière
une aiguière d'argent pour ses ablutions
Sa pierre de lecture deux portulans
que par une azalaï il reçut de lieux pérégrins
Des grimoires de Tombouctou
des bourses pleines d'onguerie et de tibar
des bougeoirs où se fige le beurre de karité
Des alfanges et des lances

des embrocations
son jeu de woré
et même un sacre au perchoir
Quand toute à ses jeux indiscrets la houle
révèle à travers les accrocs des tentures
le profil vespéral du bel Aboubakar
Soli le fort avertit les grains de ses yeux
des pans de la royale défroque
de peur qu'on n'y voie mêlés
à l'attendue terreur sacrée
un rien de haine un début de pitié

Sire quelles âmes étaient les milliers de recrues
qui en premier s'embarquèrent pour l'inconnu
défiant leurs pères et louangeant ton nom
Tous suppliaient d'être par toi choisis
pour cette bien étrange aventure :
tel usait de brevets tel autre de son influence
et les riches engageaient de plus nombreux griots
pour déclamer dans les tribunes leurs insignes vertus
Les marchands entassaient déjà fardes sur ballots
et les guerriers fourbissaient leurs armes
De déserter le roi il n'était pas question
car vos parents incirconcis ou infirmes
s'en seraient allés répondre pour vous
et la tenace rumeur de votre défection
se serait attachée à chacun de vos pas
Quelques ajournés imitaient Tiramagan
lorsqu'intrépide il offrit en vain à Soundiata
d'aller pour lui et pour l'honneur combattre

le roi des Ouolofs son voisin — lequel avait omis
de dûment livrer trente-trois étalons :
ils se creusaient une prompte fosse
et tout ensuairés s'y couchaient dedans
Les femmes bien sûr exigeaient d'en être
arguant que par le courage et le paraître
elles avaient toujours bien mérité du Manden
Celles qu'on renvoyait à leurs foyers
invectivaient la brasillante menaçant
d'aller jeter en son sein leurs plus beaux bijoux
Pare-t'en éhontée rivale qui ravit nos époux
brise nos tours et nous laisse en mal d'enfant
Ainsi pour parler clair et bref :
votre ascendant sur nous
Mansa était entier

Sire souviens-toi de la sableuse esplanade
qu'il fallut à la bouche du fleuve négocier
pour construire et radouber nos almades
entasser nos provisions cantonner nos escouades
Souviens-toi de la foule qui s'installa sur la grève :
d'abord ce furent forgerons pêcheurs et charpentiers
qui toute une saison allaient peiner sans trêve
Lors on se mit à abattre des arbres en amont
pour en flotter les immenses troncs
— mais ceux-là seuls dont les veines brunes vaguent
ceux dont la sève violette goûte l'algue et le sel
et le feuillage comme une voile étreint le vent
(Car qu'est-ce qu'un arbre dites qui ne rue
contre le ciel son vert désir de grand large...)

Reçus à l'arrivée par les maîtres de hache
ils étaient évidés au cœur tambour battant
Puis la grosse ébauche de chaque coque
était pincée entre des étaux et passée à la flamme
— les rostres quant à eux se fignolaient à l'herminette
Entretemps cordiers potières et tisserands
trimardant leurs divers talents étaient venus
Et on arracha aux baobabs leur écorce rêche
pour en fabriquer des cordes et des amures
On prit leurs amandes aux karités
et aux kapokiers leur bonne ouate
pour colmater des bordages la moindre brèche
Comme il fallait aussi du coudran
sèves et huiles furent brassées en canaris
Des pigments on en broya de toutes sortes
pour peinturer joliment les œuvres mortes
et calligraphier en sus des signes et des serments
On fit des nasses des casiers et de rouges éperviers
des ancres des rames de rechange des bardis
des coffres des caillebotis des panaches
et que sais-je encore grands dieux
Aidez-moi donc vous autres à évoquer la scène
avec quelques formules un refrain des épithètes
le temps que je me retourne et reprenne haleine
Mon patron mais pourquoi
pourquoi venir gâter ce fin soliloque
par d'intempestives farcissures...
Ce chantier sublime cette cohue baroque
sans partage maintenant te reviennent

Soit. On tissa des sayons des tenues de fête
et de fines nattes de palme ou de raphia
qu'on attachait serrées aux mâtures
Des intendants des vivandières et des ovates
des guérisseurs et des traqueurs de sorcières
ce fut le tour d'établir sur la plage leurs quartiers
Les uns à tour de bras séchaient du poisson
équarrissaient le gibier et en pilaient la viande boucanée
les autres confectionnaient onguents et caractères
philtres formules et médicaments
On engrangea arachides et ignames
on remplit moult couffins de dattes et de tamarin
On fit en veux-tu en voilà du confit de piment
Dans la fraîcheur des entrepôts il y avait de l'eau
du vin de palme et de la bière de mil à tire-larigot
Cependant on montait des fougons
à l'avant des pirogues afin de préparer
en cours de route du chaud

Les douze portes du Mali envoyèrent à foison
et sans barguigner tributs et ambassades
si bien que de tous les clans le fleuron
se trouva bientôt rassemblé au rivage
Il y avait là sous la conduite de leurs princes
des argolets et puis des marabouts des artisans des sages
sans compter les chefs des cultes et leurs formidables bolis
Même un conciliabule de ladres s'était retranché
derrière un bosquet dont ils sortaient nuitamment
pour presser l'un ou l'autre de tes lieutenants
de leur réserver ne fût-ce qu'une balancelle

Chaque fois rebutés ils retournaient à leur camp
en psalmodiant une irritante ritournelle
Ne fustigez pas ceux qu'afflige la grande maladie :
un envieux une ingrate l'ont versée sur nous
Ne nous fustigez pas : la jalousie est partout
et il n'est pas assez loin votre tour à vous

Et pour passer le temps on organisait des régates
des farces des récitations et des chorales
de plaisants tam-tams et des séances de lutte
On vendait et achetait du tout en devisant gaiement
et les volutes d'encens montaient dans les guérites

Des badauds enfin par milliasses
et des grappes d'enfants en liesse
étaient là pour le simple régal
de te souhaiter la bienvenue
et d'entrevoir de ton auguste face
l'œil aquilin fardé à l'antimoine
le nez busqué et les hautes pommettes
Salut de fatigue vautour épiphane
rapace redouté et sans nul rappel
Bonne arrivée et longue vie
seigneur aux ailes pennées de pluie :
tu te poses partout où il te sied
mais seule la chance s'assied sur ta tête
Pour parler bref et clair
votre ascendant sur nous
Mansa était total

Côtiers ou hauturiers les pilotes te précédèrent
de peu L'un d'eux portait il m'en souvient
un astrolabe ainsi qu'une pesante musette
Et quand au travers des voiles de ton palanquin
qui te dissimulaient à l'outrecuidance du vulgaire
tu avisas quatre cents chaloupes prêtes au départ
où si pourtant des gabariers s'affairaient encore
heureux tu murmuras : C'est assez à mon point

Et les esclaves levés en des cantons forains
pour remplacer les laboureurs aux champs
et ni plus ni moins que forçaires
s'asseoir-ramer dans les royales galères
ne vas-tu donc pas en parler…
Leur cœur était marri et morose leur chère
et tandis qu'ils suivaient le long cortège
furieux étaient les coups dont on les meurtrissait
jusqu'à faire pleurer les pierres du chemin
Bouche à ragots esprit affronteur sache bien
que Kouroukan Fouga avait adouci le servage
Parlons d'hier et non pas de jadis
parlons d'orfèvres en surlendemains
non de piètres gérants du quotidien
Aux temps glorieux dont il s'agit
c'était *va où tu veux meurs où tu dois* fils
et nul n'avait plus le pied tenu en grillons
Hélas n'y a-t-il pire chaîne que celle qu'on ne voit pas…
Retiens bien langue fendue esprit chicaneur
Koras et balafons viennent par bonheur
couvrir ces aigreurs d'allègres flonflons

Revenons-en derechef à notre lai
Amatelotés oints encensés apostés
ils partirent les élus — satisfaits
d'emporter avec eux l'illusion
de l'alezan royal cabré au promontoire
Mains croisées sur l'arrière de mes pensées
moi ton féal je restais sur la plage
au milieu des vœux qui fusaient
des pleurs des soupirs et des médisances
Ils étaient six mille courages
ils étaient six mille radiances
qui déjà froissaient
à grands coups de pagaies
de cette mer étale
la bien troublante moire

Le miraculé un beau jour
s'en revint au pays
son astrolabe à la main
Sans hâte il conduisit
sa chagrine personne au palais
Négligeant de se prosterner
et d'empoussiérer les rares paillets
qui coiffaient son crâne il débita :
Mansa c'est en pleine mer
que nous avons connu notre destin
Tous mes chers compagnons
(ils étaient six mille courages
ils étaient six mille radiances)

furent pris dans un courant marin
large et définitif comme un Djoliba
que gonflent les pluies de saison
Las qu'advint-il de vos équipages...
quel gouffre les dévora...
Furent-ils sait-on jamais
emportés jusqu'à l'autre rive...
Haute était la vague
et plus haute encore l'espérance
Un reflux soudain
et notre navire s'efflotta
qui par extraordinaire
était en queue de convoi
Mon corps survécut
(Dieu seul sait du pourquoi le comment)
mais ne cherchez point le reste de moi :
ma spongieuse d'âme est boulée sans séjour
aux mornes arènes du souvenir
et mon double ploie
sous le fardeau du vide

Tout le Mali bientôt sut la tragédie
et votre ascendant sur nous Majesté
demeurait à tout le moins remarquable
Mais nous aussi nous voilà aujourd'hui
prêts à embouquer ce courant effroyable :
nos hommes par dizaines scient arrière
le reste a calé les pelles et invoque
Les piroguiers d'aujourd'hui
(le vrai est parfois détestable)

ne connaissent plus bourlinguer
et ne font que taquiner le flot
— ils jouent seulement et se moquent
Mais doux seigneur pardon :
s'il est ardu d'imiter nos pères
il y a grand péril à les devancer

À ces propos allez-vous en savoir pourquoi
la rage impériale peu à peu s'abeausissait
(Car remettre le sabre du soupçon au fourreau
est-ce bien d'un prince dites-moi…)
Oublies-tu que si c'est le gras qu'on soupçonne
c'est souvent le maigre qu'on condamne…
Que non mais indulgence déplacée
ne peut qu'entraver du héros le progrès
Chef des vogueurs je t'ai écouté
retourne donc à ton banc
va-t'en tenir ta rame :
il y a eu maldonne

S'étant coulé dans les pensées de Bakari
son griot s'émeut : Vautour généreux de tes entrailles
si dans tout cela j'avais seulement ma voix
C'était un chenu mémorieux en diable
quoiqu'en proie à de fréquentes amusies
Un Kouyaté comme de bien entendu
un Condé peut-être un Diabaté ma foi
qui avait vu son prince aimable s'ennaître
et savait la cache de ses délivres
Parfois il lui inventait encore vaille que vaille

de nouveaux noms et d'élégantes devises
Le voyage annoncé il rappela à son maître
qu'il n'avait plus l'entendement des tons
Qui t'a demandé de chanter fit le souverain...
Suis-je un hobereau à qui en un tournemain
il faille fabriquer de passables ancêtres...
un faux dieu en quête de ses mystères...
Serais-tu toi de ces poudreux itinérants
qui vivent d'épousailles ou d'enterrements
et justifient leur présence en forçant leur talent...
Sois l'arbitre de mes causes sois mon œil
et retiens bien ce que tu auras vu
au cas où jamais nous reviendrions :
je ne saurais rien exiger de plus
Diabaté songeait : sans musique
point d'ordre dans cette sensile
et sans ordre c'est le naufrage
Il jura néanmoins de partager l'exil
jusqu'à prendre le deuil du dernier oiseau
jusqu'à planter la défaite dans les abysses obscurs
jusqu'à surgir la victoire sur le gravier de l'autre rive
jusqu'à revenir à une coutume qui les renoncerait pour sûr
Et d'emblée il trouva une devise pour l'océan
qu'il n'appela plus que le Père des Récits
C'est qu'il tient par milliers ses enfants
dans l'immense pli de son aine insistait-il
et de loin en loin les jacule sur les plages
où furtifs nous venons prendre de cette graine

Le voilà qui descend de son aire
notre empereur bardé de fer et d'interdits

Son garbe est parfait mais son marcher sans huile :
car à ses desseins tant de résistance
sans l'étonner à présent toujours bien le fâche
Il sait qu'il doit tout bonnement braver
et plus se faire fier que péril
mais son cœur de pressentiments est labouré
À ses côtés malgré la brune son insistant parasol
dispute au chambellan l'étroitesse des marches
Un peu en retrait Kouyaté l'emparlier
marmonne en levant les bras en l'air
comme deux tremblantes remontrances
(Est-ce d'un roi vraiment de faire que fols
et descendre au milieu de ses gens...)
Mais en extravagances et noveltés
la matière de Mali abonde

Penché sur le plat-bord et cerné de silence
Aboubakar s'adresse à sa pirogue
flattant et cajolant quant et quant son bois
d'une main chaude qui exige et qui octroie
Pénétrée par ce lent monologue
où l'impair au rêve se mêle
la rétive sent bomber sa peau ligneuse
et ses flancs s'engorger d'un semblant de sève
Elle gémit et ondoie tandis que Bori murmure
se tait effleure feint la réticence
pour enfin offrir de plus savantes caresses
M'amie ma geôle mon épouse
combien que nous dussions mourir
lui souffle-t-il soucieux toutefois

d'être bien entendu de tous
il importe que grâce à toi
notre bon plaisir et unique passion
s'enflent aux dimensions d'une époque
Ainsi parle à sa séditieuse barquée
Manden Mori où il n'y a que vaillance et noblesse

Le chambellan — que son nom ne soit ici point rappelé :
secret bien gardé est d'harmonie le meilleur gage —
serrait le roi de près en buvant ses paroles
L'aura-t-il comme par mégarde de la barge
poussé sous couvert d'effusions ou de protocole...
Qui s'en va hantant les berges
a maintes raisons de se noyer
L'émoi est grand parmi les laptots
— à peu que tous le viennent gourmer
le rouer de trois coups de leurs poings
avant d'empaler son avérée trahison
et de se jeter à la rescousse le roi
Mais tous les hommes ne sont pas égaux :
c'est le quartier-maître un manchot
qui le premier plonge et disparaît sous la coulée
suivi de quelques pauvres mousses
Les autres à rôder les yeux finissent
par deviner au fond des eaux rousses
le pouls nombreux des méduses
la rage des lamies qui s'embesognent
et la frénésie de ces oiseaux déchus
que sont tous les poissons
en nostalgie de la nue

C'est alors que fuse un cri
un cri sans nom ni retenue
celui d'un griffu à l'agonie
celui d'un arbre que l'on cogne
celui d'une nécessité qui soudain
aurait tourné à l'impérieux
Fidèles et conjurés c'est trop de zèle
Ce n'est pas à vous qu'il appartient
de le sauver : j'en ferai ma joie
On fait place à la véhémente
qui scintille au milieu de la horde
C'est Dame Kafuma la jumelle du roi
d'ordinaire adverse au désordre
— une femme aux membres grêles
mais aux mains bien paumées

Sur le minuit lorsqu'elle étire à peine
ses bras menus vers le ciel ténébreux
une lune languide vient se reposer
entre ce qu'elle croit des cornes
Les invocateurs la tiennent pour l'une des leurs :
et comme à délivre elle danse sur l'eau
on craint son œil morne et le redoute
on redoute et on craint
la trace de sa main

Qu'elle figure sur l'impériale birème
d'aucuns s'en inquiéteront sans doute
Mais ne savent-ils pas que les jumeaux

c'est deux corps une âme gardée par Faro
Ajoutons que depuis le retour du marin
Bakari voyait ses nuits blêmes entrecoupées
de visions épuisantes de délires brutaux
Il manda en son manoir un devin de renom
un gaucher qui jamais ne mâchait ses mots
Maître des layons des fourches et des sentes
baliseur du pérenne et de l'incertain
tu m'as trouvé qui ne t'espérais déjà plus
(Mais est-ce d'un roi de concéder
combien lui aura duré l'attente…)
Quel est ce songe qui me géhenne…
Ne crains pas de faire parler tes cauris

Mansa Mori fit le tout vulpin
asseyons d'abord notre causerie
et verse-moi de cet arak une rasade
Je ne consulterai ni l'eau ni le sable
encore moins le vol des oiseaux
ou de leur trépas les soubresauts
D'ailleurs rien n'est jamais décidé d'avance
Inutile de chercher par des moyens convenus
à éluder de tes ennemis les stratagèmes
Si ta chance est de mer de terre ou d'eau vive
qui peut le dire… Mais il est de mise
que toi tu partes à la guerre ou à l'aventure
puisque des deux frères tu es le cadet
Suis la voie tracée par Kalabi Douman
le patron des voyageurs qui aimait à répéter :
Qui se taille un champ sur l'autre rive

devra faire le va-et-vient à maintes reprises
Toi parti Moussa à la large dextre
assurera de tout l'empire la régence
et des lois sacrées fera respecter le texte
Tu peux aussi choisir de rester à Malal
— là où tu t'établis là sera ta capitale
Ta maison regorgera de gens
et tes greniers de la haute déférence
que tes largesses t'auront acquise
Mais voici qu'arrive le temps de la ceinture
et déjà le lait ne fait plus le souverain
— or tu es Bata né d'une fille de notre fondateur
Autre considération tiens en prenant ton parti :
ton homonyme pour avoir offensé sa sœur
n'a jamais gagné le trône en dépit de l'envie
Ceux qui t'ont nommé ainsi auraient-ils voulu ton bien...
Esquive les sicaires rassemble tes fidèles
et accompagne-toi de Kafuma ta jumelle :
c'est à elle que tu devras ton salut
et même le succès avec un rabiot de veine
Le savoir vient avec le temps les peines
mais point de l'âge seulement
L'augure dont le visage de larmes était imbu
(mieux que quiconque il avait prescience
de la triste issue des affaires d'État)
se feignait ivre et décousu

Bras en ciste elle tient six présents
— le septième c'est sa vie qu'elle rend
n'en ayant désormais plus l'usage

Sans plus de cérémonie elle bondit
délibérément par-dessus le bordage
comme on enjambe le rugueux époux
qu'on a pour de bon fini de servir
À force de rôder les yeux les marins
finissent par entrevoir son pagne d'apparat
dont la couleur rappelle la fleur de néré :
sous l'eau noire il corolle tel un reflet de lune
sombré en un obstiné célibat

Alarme et désarroi s'emparent des almadies
Honnis soient les grands qui quittent le navire
nous laissant dans les dilemmes et névralgies
Frères de rames sur nos cœurs gardons empire
Avons-nous pas à la seule force de l'échine
par nous-mêmes et sans l'aide de personne
gouverné depuis la côte ces périssoires...
Les uns sont à l'affût d'un signe
d'autres déjà cambrés sur leurs bancs
Et on crie et on s'empoigne et on s'indigne
comme si on découvrait enfin le notoire :
les voilà largués et maudits
au milieu de l'énorme délire
des rouleaux qui tonnent
les voilà livrés aux flammeroles
qui gravissent en sifflant les espars
et s'évanouissent sur une girandole

Où sont donc les trente mille avironniers
où sont-ils ces vrais preux au cou droit

et à l'âme de maintes épreuves burinée
qu'Aboubakar avait eu tôt fait de rassembler
sur la promesse d'être cette fois à leur tête…
Fermé trois jours dans quelque chambre secrète
il n'y avait admis qu'un maître du Komo
venu sans hâte le visiter du pays de Do
Chaque jour l'énigmatique tout embéguiné
de coton de peaux et de griffes lui révélait
du dessous des choses un autre mystère
drapant de sens l'absurde de cette quête
et désenchantant de l'océan les épouvantes
Jette-toi tout à l'heure au travers de la mer
et sans plus prépenser le danger à venir
va pèleriner aux sites sacrés de l'autre rive
Il faut que tu reviennes avec Dieu et la pluie
du septième cercle de ton initiation
Tu es conviens-en condamné à réussir
car la sécheresse brésille la savane
afflige tes sujets et affole leurs bêtes
Bientôt à nos seuils les bergers de la famine
offriront pitance à ce famélique bétail
Entends-le beugler à mesure qu'il approche la côte
ayant à bastonnades désappris de parler
et plongeant chaque fois que faire se peut
mains et mufle au râtelier de la misère
Fais promptement et en triomphe nous reviens

Glacé par ces gloses le roi avait balbutié :
Merci mon père tu m'as grandi
Seule la honte lui causait de mentir

lui que l'occulte avait malgré qu'il en ait commis
Veille surtout à esquiver les sicaires :
impose-toi à tes alliés séduis tes adversaires
susurra le forgeron d'un trou de la muraille
où il s'était insinué gâtant au passage ses écailles

C'est donc du Gabou qu'on embarquerait
au boucau d'une rivière bordée de bolongs
On atterrerait le cailcedrat et acheterait à l'iroko
son poitrail et ses membres à prix de cauris
pour en tirer toutes sortes de pirogues oblongues :
certaines étaient creusées dans un fût
plusieurs composées de deux troncs accolés
et d'autres encore de cordes cousues
— même qu'il y en avait avec des voiles carrées
On prit grand soin de couler dans leur bois
par le truchement d'offrandes et de chansons
une très bonne et belle mesure de chance
Chacune pouvait à coup sûr tenir
sa ventrée de matelots à présent

En haut lieu on feignit d'ignorer les subterfuges
de ces nobles qui poussaient roturiers et ilotes
à les doubler dans l'inéluctable grabuge
D'autres en grande pompe venaient offrir
leur éventuelle loyauté puis tiraient leur révérence
Toi Vautour psalmodiaient-ils rougis de poussière
escomptant monnayer le respect en indulgence :
repartaient avec leur vie même en bandoulière
Ceux dont l'allégeance ne valait pas chipette

ceux qui faute de pluies dînaient d'un grain
louchant sur la branche où pendre leur chagrin
ceux qui aimaient le roi et ses caprices
lui présentèrent leur défortune en sacrifice
Le reste des fervents se poussa fort vers la côte
car de briquer la mer ils rêvaient encore

À l'aube du grand jour une immense foule
se massa en très grande hide et pénitence
devant le pavillon du redouté seigneur
Seule la parentèle à plaisanterie avait le cœur
aux ordinaires boutades quolibets et jurons
Car cinquante dauphins gisaient dessus la grève
la panse curetée par les tourteaux obliques :
une dizaine frémissait encore en versant des larmes
vite bues par le sable où restaient les caïques
Ah quelle pestilence monte de ce charnier sans nom
et dire que la mer
à déchaler s'entête
— sa vague matinale
sans élan ni relève

Tout à coup l'air est plein de soupçon et de blâme
et la plage vidée d'aspirants au voyage
qui s'éroutent l'un après l'autre en insultant
C'est pour notre mort qu'il veut nous embarquer
dans ces acons mal dolés sans gage ni créance
Voilà pas Khalifa le benêt revenu
qui accablait de flèches ses propres sujets
en mignardant ses chiens aux muselières d'or

(Car qu'est-ce qu'une tourbe qui ne fait pas raffut...)
Au fait de la mutinerie le bel Aboubakar
au lieu de s'en bien tempêter sourit :
Expliquez-leur convenablement ce présage
ordonne-t-il à trois de ses consorts
qui faisaient profession de voyance
Et tandis que ces derniers se préparent
on rameute les fuyards
à coups de drège
et de gourdin

Mais les trois mages ont beau faire le sacré
saigner des sacrifices et tracer sur le sol
des cases où le renard apposera son seing
ça trouve que tous les possibles sont possibles
Et vice et versa Tout bonnement Fariboles
Mais *celui qui se noie toujours s'agrippe à l'eau* :
le roué trio parlera donc de la parole
Dès que tu as une bouche l'ami
jusqu'à dévider de ses pensées l'écheveau
Si tu as une langue seulement
et confirmer chaque rameur dans son rôle
tu ne perdras jamais ton chemin
Malinké alliés aimables et francs vassaux
l'océan a envoyé de guerre lasse
cinquante de ses meilleurs enfants vous quérir
et toi Divin Vautour vos enfances s'achèvent :
la décision de partir matin se prend au crépuscule
Ils parlèrent les voyants sans modestie
d'images de proverbes et d'hyperboles

ils parlèrent de Dieu de la gloire et du roi
J'en suis fit l'un des rechignés marins
Toi aussi ne pars pas sans moi moi ni moi
ajoutèrent vivement tous ses émules
Avec une fougue désormais irrépressible
on s'encaquait dans les barcasses
pour Dieu l'honneur ou le roi

Le temps s'affinait : il s'agissait de partir
Deux mille pirogues étaient au mouillage
dont la moitié bordait chacune trente avirons
Ce fut merveille de les voir au littoral s'étranger
et de leurs ombres lentement s'acquitter
tandis que les fanions battaient sur la plage
comme autant de bénédictions
Et bientôt les lanches de filer
sur le flot laiteux de libations
à travers marée brisants et brouées
jusqu'au cap qu'elles arrondirent
Sur l'embarcation de tête Manden Bori
flanqué de deux béliers gras et chamarrés
offrait aux malchanceux à la berge arrêtés
l'intermittence sublime
de sa déliée silhouette
l'ultime poésie
de son geste insensé

Ils ramaient donc sans ahan ni chanson
depuis combien de temps… savoir… combien de saisons…
L'aube grise frisait le flot Falots éteints

les djermes louvoyaient sans direction
parmi les termitières bleues qui mussaient l'horizon :
C'est de l'une d'elles qu'il émerge
Manden Mori notre galant souverain
Incontinent quarante gaillards sont à la vague
pour chacun lui bailler la main : des pirogues
on leur jette des cordes et des exhortations
Car en vérité il naît de l'écume beige
notre prince bien-aimé que croyions défunt
Soutenu aux aisselles il se reçoit sur le pont :
chacun de constater alors que sa simarre est sèche
qu'il porte encore ses bottes de cuir fin
et qu'il a par-devers lui tous ses bijoux
ses bracelets d'argent qui drillent
son labret et ses pendants d'oreilles
et aussi son poignard et ses talismans
(Jetez le béni à la mer : il en ressort constellé)
On le bienveigne, l'encense et s'émerveille
car il était la splendeur même et la même polissure
Mansa Bagari
ô Famori
le bien-trouvé

De grâce qu'on mette fin à cette absurde litanie
car je crois bien qu'on nous mène en bateau
Un politicien aura payé ces bonimenteurs
pour mieux asseoir ses prétentions
à s'improviser grand timonier d'un pays
déjà exsangue et qui n'en peut mais :
or qu'avoir des fers au feu

ne fait de personne un forgeron
Faites taire ce fâcheux tout à l'heure
attachez donc cet aigri sans délai
et tenez-le à distance : il ne mérite pas non
d'entendre l'épilogue du récit
Silence — du doute la rançon

Il était la splendeur même et la même polissure
Seul son regard avait changé
hormais mi-parti d'exaltement et de navrure
Car il avait vu au fond des abysses glauques
les doubles des pour-être-enchaînés-marqués-au-fer-tailladés-
[par-le-fouet-perforés-de-mille-manières-et-à-plaisir-avant-que-
[d'être-jetés-hurlant-d'horreur-muets-de-rage-par-dessus-
[bord-à-la-grâce-du-requin
croiser au sommet de leur crâne
leurs mains sans chair
Pour lui il avait juré
de faire coûte que coûte l'histoire autrement
et d'arracher les mânes à ces longs banquets tristes
dans leurs nécropoles de sable blanc
Et la mer tarirait avant sa résolve

Une affaire l'appelle fit-il à la cantonade
Elle vous prie de poursuivre sans retarder
Avant partout et fi de la tourmente
(car cette mer tarira avant ma résolve)
Le chambellan agenouillé sur des cordages
mendiait poings tranchés la grâce de l'estocade
De trois vergues bringuebalaient au gré du vent

les restes grotesques de vingt et un manants
Anonchalant l'empereur regagna sa tente
Haute était la vague aux reflets pers
et longue cette traverse sans amers

Au commerce de la vague les navironneurs
auront perdu à tours l'usage de leurs pieds
les lèvres pour verser des mots la semence
qui saillit du plus profond des entrailles
les paupières qui masquent l'eau du cœur
l'appétence du retour et des retrouvailles
Ils ne sont plus que troncs rossés par le ressac
somme qu'il leur faut bien empoigner
le rigide de leurs pagaies pour bêcher
l'humide désir de la mer en amour
et les voilà vautrés dans le lit du courant
reins en extase gorges en sanglots

De dénouements il n'y en a pas moins de sept
Le premier et le dernier ne m'appartiennent pas
étant comme qui dirait du divin le monopole
J'ai perdu le troisième et en suis bien marri
Comme j'ai déjà conté le quatrième ça vaut trois
qui restent en souffrance en mal de récit
Nous ferais-tu à l'aventure languir pour cette obole
au moment que l'affaire pique notre intérêt...
Bonnes gens qui m'oyez et m'écoutez :
le voyage n'est pas meilleur pour être achevé
et j'estime que l'errance prévaut contre son pourquoi
Mais puisque raconter soulage aussi ma tête

Le courant emporte à vive allure tout le convoi
en engloutit une large part et largue le restant
hagard et coi non loin d'une côte annoncée
par une débauche d'exocets argentés
et le vol velouté des mouettes

Cinquante marins finirent un soir par s'échouer
sur une plage de pins tortus et de palmiers géants :
au matin ils gisaient tout rompus par les bêtes
et les yeux curetés par la pince des tourteaux
Neuf barons dégouttant de sang et de sanies
vite bus par le sable où restaient leurs bateaux
pantelaient encore En leur milieu était Bagari
allongé contre terre comme s'il se dormait
tout couvert de fange et de plaies
foulé au cœur par le regret
de son cher et doux Mali
la terre que d'amour il aimait
La mort l'ayant entrepris de juguler
il s'essora soudain en glatissant clair
et de ses deux belles ailes ramait
dans la vastitude de cet azur nouveau
vers l'est vers l'est
où étaient le Soudan
et toutes ses certitudes

Trouvère aurais-tu mieux ou au moins différent...
Ne vous ai-je promis deux fins supplémentaires
si vous me donnez congé d'achever ma romance...
Un jour cinquante pirogues s'embossent aux frangeants

ou bien finissent par dextrement prendre terre
sur une plage de pins tortus et de palmiers géants
Ô la soif qui angoissait tous ces rescapés
le vertige qui offusquait leur regard délavé
le sol rude et contraire au branle de leur corps
(Car qu'est-ce que le remuement incessant des flots
pour qui s'en amoure qu'une parfaite immobilité...)
Les passeurs de mondes cependant décidèrent
d'honnêtement grâcier Dieu de sa sauvegarde
Car tout hutins et mécréants qu'ils étaient partis
c'est dévots qu'ils arrivèrent
La mer lée et duneuse voyez est un désert
où embrasser le divin vous vient aisément
Ils avaient fait carême de leurs privations
et le dessus de leurs pieds tuméfiés
portait déjà trace de leurs prosternations
Quant à leur empereur affreuse menterie
qui aurait prétendu qu'il n'avait jamais posé
qu'un seul pied sur la peau de prière
Du reste on vit bien au débarquer
quatre-vingt-dix-neuf vagues le suivre
chacune traçant à l'estran
l'un des beaux noms
de l'Un
de l'Unique
du Seulement

À peine ont-ils tiré au sec leurs pauvres canges
mangées de tarets de sapinettes et de varech
qu'une poussière s'élève d'un proche mamelon

et que retentissent les cris très belliqueux
d'une gent admirablement sylvestre et infidèle
Par la foi limpide qui baigne mon cœur
fait Aboubakar le second à ses lances
je vous veux prêts céans et sans chanceler
Le très expédient sépare son armée par moitiés
faisant monter bonne garde à l'une
pour que l'autre puisse en paix prier
Par précaution il envoie trois simultanés épies
débrouiller de la commotion le secret
la nature mystérieuse de cette fortune :
quand à chacun des sept orifices du visage
la cervelle leur jaillit les trois jetèrent un cri
pour signaler leur travail et le piège en béance
à tous leurs compagnons attentifs sur la plage
Gageons dit le prince en ajustant ses hardes
que ces méchants ignorent la vraie religion
Malinké sus à ces guerriers de l'averne
Malheur aux insoumis et aux idolâtres :
leur arrogance sur l'heure sera mise en berne

Tous le suivaient en hélant Mali Mali
le nom du lieu qui était leur amour de loin
Mais Toura Mané se mit en travers du chemin
Tout beau Majesté cria le bien arrêté
en découvrant à dessein les amusoires
qu'il avait longtemps celées sous son rochet
Né la sagaie à la main il était connu
pour les prouesses la beauté et la tempérance
qui aux meilleurs ne peuvent jamais messeoir

De valides nous n'avons plus qu'une centaine
et ils sont des milliers qui sans doute désirent
bien s'aviander de nous N'ai-je donc tant ramé
que pour me voir à jamais des funérailles privé
dont je retrouverai mes pères et mes ataves...
Sur la tête de ma mère cela ne sera point

Félon où sont les serments que tu me jurais
lorsque l'un à l'autre nous étions entendus...
tu n'oses pas m'ahonir fit Aboubakar
en le ruant mort sur une pierre Et d'un geste
il envoya son galopin laver son sabre à l'océan
Sans mot dire le parti de Mané courut
s'emmarronner au fond des grottes et des futaies
sabrant les ronces au passage et guéant les rus
(Les Espagnols paraît-il en découvrirent
qui servaient nuit et jour sous le joug indien)
Allons dit le roi à l'adresse de ses braves
Ayant fait volé plus de têtes que je ne puis dire
les Malinké tombèrent en dignes combattants
Et avant de trépasser leurs faces tournèrent
vers l'est vers l'est
où étaient le Soudan
et la ville sainte
et toutes leurs échéances

Trouvère l'eau toujours épouse sa gourde :
à quoi bon te faire le fourrier de la défaite...
Chante-nous tout de suite une meilleure bourde
J'y viens À peine ont-ils posé pied au rivage

qu'un grand tourbillon lève d'un sommet voisin
et que retentissent les plus odieux des cris
Manden Bori s'adresse alors à ses fantassins
(Or çà qu'est-ce à dire… sans aucun intermédiaire…
Je demande : qu'est-ce donc qu'un outre-mer
où l'on porte à planter les us du vieux pays…
Le mansa parla donc à ses sujets il dit)
Enfants nous étions neufs et hâtifs
de déjà songer au repos et à la fête
Il nous faut encore nous agacer les dents
à quelques aigrins et à grandes goulées boire
du cailcedrat la bien amère potion
Pour peu que les dieux nous soient adextres
nous ferons trop de morts de blessés et de captifs
La guerre vous le savez est l'élue du Mali :
courons amants de la mort à nos épousailles
Je sens que cette terre pour nous agréer exige
que nous versions notre sang à ses seuils
et je prétends que nous les en abreuvions

À ces mots on claque des doigts
en esquissant d'absurdes cabrioles
on fait mine de rire pour effrayer l'effroi
on faconde se gonfle et exagère :
Droit empereur en qui sont toutes les vertus
maître du vent et de la poussière
toi qui voles au-dessus des batailles
tel le rapace qui dévore sans jamais tuer
laisse de grâce tes hommes liges
agacer bien bon cet ennemi

déluger comme il faut tous ces gens
et t'offrir leurs dépouilles à serrer
Vertueux empereur
tu planes au-dessus des vertiges de l'océan
effleurant ses deux rives à la fois
de tes ailes aux puissantes rémiges
Bata Manden Bori
précieux pont balancé
au-dessus des soubresauts du temps

À gravir le coteau
leurs pieds étourdis en labourent le flanc
à griffer la glèbe
leurs mains calleuses en extirpent la pierraille
chemin faisant
des graines leur tombent des clavicules
et la sueur à torrents
dévale de leurs aisselles
Marins qui sur le tard s'avouent paysans
ils s'attellent sans broncher à d'inouïes moissons
Quitte ton lopin de vie
tu ne quitteras pas ton destin
qui te suit du pas mesuré de l'aîné

Au faîte du mont ce sont deux rois deux armées
qui s'entrejaugent et ne se trouvent pas dissemblables :
ce constat ne laisse pas d'étonner leur bel arroi martial
Rappelés à l'ordre et prêts à s'infliger toutes les misères
dont raffolent les hommes dès qu'ils s'imaginent hostiles
les voilà qui invectivent tambourinent et défilent

Ne les trouves-tu pas curieusement testonnés…
Et comme ils sont culottés : je ne leur vois point de sarouals
Pour que la guerre dans la cohue
ne se taille une rouge clairière
chaque camp fait appel à son truchement
et désigne enfin parmi ses soldats le plus galant

C'est Lansana que les Malinké poussent sur l'arène
car il faut bien qu'on en convienne
sans Koné il n'y a point d'armée
Son adversaire avait pour nom Guazabara
(à tout le moins c'est ainsi qu'on le criait)
Tous deux furent munis d'un large écu
d'un poignard d'une lance d'un cimier
de charmes et de fleurs en pagaille
Par tout ce fourbi alourdis
ils se butèrent l'un contre l'autre
jargonnant de leur mieux un défi
Tous deux étaient mêmement avertineux
talons brasés au sol menton verni de glaire
un feu dévorant à la broussaille de leur sourcil

Le combat débuta en l'an mille trois cent onze
en plein midi et ne dura pas moins d'un an
Ils furent ces géants au cœur de bronze
plus d'une année à se meurtrir
à se frapper d'estoc et de taille
et si roidement qu'ils en brisèrent leurs javelines :
à maintes reprises on en affûta de nouvelles
afin qu'ils finissent pour de bon la tuerie

La foule à les regarder eut d'abord son passe-temps
et les gavait de gibier et d'hydromel
chaque fois qu'ils faisaient mine de s'affaibloyer
Par signes les deux héros tentaient parfois entre eux
un brin de causette mais de se déconfire désireux
repartaient bientôt à l'assaut de plus belle
Un an passa sans qu'ils se pussent consterner
S'étant finalement destitué l'un l'autre de leurs astèles
ils arrachèrent deux gros arbres sans trop d'efforts
qu'ils brandirent haut pour mieux se broyer
et leur sang mêlé poissa les éboulis rocheux
Ils combattaient encore quand revint l'armogan
De ce impatientée l'assistance murmura fort :
Grand temps pour eux de quitter la lice
et pour tout un chacun de regagner sa chaumine
Il est bon de savoir chevaucher
mais démonter à propos vaut mieux

Adonc Mansa et Cacique rapprochent leurs têtes
— chacun rompu désormais au langage de l'autre —
et ensemble s'accordent à imposer une trêve
J'ai une sœur ma Kafuma aux trois beautés :
prends-la pour femme dit Mori je te la donne
Le cacique sans autres façons engagea sa parole :
Je sais un fief où estorer notre descendance
vous y ferez loger vos gens et porter votre bagage
Les princes s'accolent en échangeant leurs gentilices
Car *l'affaire* croyez m'en *fut intense*
C'est ainsi que Kalira le jaguar maria Kafuma la brève
la gente dame aux mains bien paumées

aux gencives bleues et au cou orné de jaserons
C'est ainsi que l'Afrique et l'Amérique s'épousèrent
avant même que d'avoir connu leurs noms
Et les grands fonds glauques probablement se dépeuplèrent
des pour-être-enchaînés-et-flétris-avant-que-d'être-jetés-tristes-
[bestiaires-par-dessus-bord-au-bonheur-du-grand-squale

Ici s'arrête la geste d'Aboubakar le second
par nous-même en ce jour déclinée

III

Ils préféreraient ramer à présent :
soixante-dix passagers
c'est soixante-dix cœurs-au-ventre
et soixante-dix fois deux bras
enfin pas complètement
si on soustrait le tas d'enfants
sous la bâche huileuse au milieu là
Ballant des eaux grelot des corps :
comme ils préféreraient ramer
donnant à chaque impulsion
le faste d'un baroud
et l'audace d'un regain
Mais ils sont là au coude à coude
debout le plus souvent
assis quand faire se peut
à jeter au ciel tordu de pâles contractions
un coup d'œil blasé et chassieux
Car voilà la nuit en train d'accoucher
à la va-comme-je-te-pousse

à la six-quatre-deux
d'un jour plus moche encore que le précédent

Où est de la première aube en mer
le douloureux enchantement :
départ à l'arrache (il avait fallu courser le jusant)
qui prend tranquillement allure de voyage
surprise des yeux qui se font au sel et au vent
aigreur des aisselles où peu à peu
tarissent la peur et ses ruisseaux
esprit (libre non mais) désempêtré du quotidien...
Oh on entendait bien çà et là un sanglot
(mais de peser le renoncement
une larme jamais ne sera en mesure)
L'eau avait ses motifs et ils étaient clairs :
nous savons je sais nous avons
maintenant notre raison-d'être-sur-terre
et elle tient à cette embarcation
Puis cet aigle-pêcheur qui oscillait là-haut
comme la promesse tremblée du retour
Alassane alors ou bien était-ce Maguett...
en équilibre sur un bidon
chantait d'une voix de tête
qui couvrait celle du moteur

Mais ce matin il fait bien froid
à regarder le rien
le rien du tout
le rien de rien
qui vague autour de soi

Au septième jour on ne célèbre plus
et surtout pas la naissance du jour
— d'ailleurs c'est où je vous demande qu'on ferait prière...
Si j'arrive à bon port
sûr que je rembourserai

Trop tard trop tôt pour qu'on regrette
Dix jours comme ça on nous avait promis
dix jours seulement
Et qu'est-ce qu'une semaine
hein dans la vie d'un perdant...
Prix d'ami — ta vie elle vaut pourtant pas chipette :
tu manges et tu dégoises mais ne rapportes mie
Des ambitions tu en as mais pas de répondant :
ici personne n'achète tes quat'sous de rêves
Là-bas est mieux : tu jettes une graine
et en deux temps trois mouvements
je te jure elle germe et lève
Et puis ramer pour ramer
mieux vaut avoir une visée

Un soir je traînais savate sur la grève
dérangeant des curées criardes d'oiseaux
en goguette autour de quelque relief de poisson
— soucieux de ne pas glisser sur les entrailles
anxieux de retrouver ma volupté d'antan
devant les gerbes mordorées d'un glorieux couchant
L'horizon pour autant qu'il m'en souvient
était barré d'un énorme chalutier
qui coinçait le soleil à l'arrière-plan

À qui la faute si le poisson se fait rare
et nos multiples sorties d'autant plus vaines...
Les litanies des pêcheurs étaient interrompues
par les harangues de tardives commères
dont les ongles acerbes soupesaient l'exposé fretin
Tandis qu'elles reprochaient aux hommes
d'avoir démérité de la mer
tout à coup il me sembla à moi
fils d'un talent au rivage échoué
que du dédain de leurs doigts
elles m'écartaient l'ouïe
pour jauger de mon agonie
la douteuse fraîcheur

Un menteur montrait l'océan de sa main fine
en disant la flaque où j'ai mouillé mon pas
Plein aux as tu reviendras
avec des valises mais énormes
et un monceau de cantines
des Ray-Ban pour planquer tes intentions
et à la lèvre le mégot du mépris
On parlera de toi en ville
à te voir construire et doter
épouser baptiser et encore bâtir
Sans compter que de jour comme de nuit
jamais il ne désemplira ton domicile
de requêtes de louanges et d'invitations
On dressait justement une barque dans un endroit convenu
et comme de bien entendu il ne restait qu'une place
La chance prends-la aux cheveux : elle n'a pas ton temps

Alors j'ai pris la mer à la légère
sans un bonnet un croûton un beignet une thune
sans tambour ni trompette sans crier gare
— juste chargé à fond ce cellulaire
et empoché une canette avec dedans
un safara macéré pour l'occasion
par un calé en prophylaxies et protections
un vrai dompteur des revers de fortune
Ni pour le cuir ni pour les verres fumés
mais pour le geste qui donnait à chacun de nous
(nous autres ni chair ni poisson
tripaille laissée pour compte
sur le sable gluant du millénaire)
la stature singulière d'une personne

Te voilà embarqué dit le coxeur Bon vent
Tu vois il n'y a que le premier pas qui coûte
Il s'éloigne en riant avec tout ce cash dans sa sacoche
Mais de nos mères de nos sœurs et de nos compagnes
nul n'ignore bien sûr le dévouement :
elles auront payé cher notre naulage
et du brillant de leurs larmes se feront des colliers
Car chaque vie noyée est pierre précieuse
qui va joncher le fond de l'océan
Le trop et le manque mes enfants
(à très bien serrer le pagne du courage
il finit toujours par t'entraver le pied)
le trop et le manque inévitablement s'accompagnent

Moi c'est Untel comme c'est écrit sur mes papiers :
vu ce qu'il m'a coûté ce nom autant le rentabiliser

L'autre je le garde propre et pour des jours meilleurs
S'ils attrapent Untel et l'attachent pour le reconduire
je leur laisserai comme trophée cette défroque
Au fait il me restera intact et impec
mon nom à moi et la chance qui part avec
Lorsque ma mère a pleuré de ses yeux
en disant le fils aîné de ma rivale
j'ai senti au bout de mes bras de bulldozer
pousser de longues lames de fer
des qui comme un rien déracineraient
un de ces baobabs tout juste pour lui en offrir la feuille
De celle qui en mon nom a fait tant de sacrifices
comment refuser d'exaucer les vœux
en tentant sous un sobriquet cette cavale...
Arrivé je la couvrirai de plus d'or et d'atours
qu'il ne lui en a fallu vendre pour m'envoyer
Si je réussis on dira que j'ai fait quelque chose
Et si je fais naufrage on saura au moins
que je suis mort d'avoir essayé :
à défaut de barsak — d'antichambre du paradis
c'est dans l'histoire que demain j'entrerai
certes anonyme parmi la foule clandestine
mais avec pour visa une valeureuse cause
Ce qui se passera après ta mort
si tu veux le savoir pars en voyage
Ma mère ma tendre ma complice
c'est comme si je la voyais déjà
s'épauler au vide à l'annonce de ce deuil
battre des mains puis s'écrouler
tout en pleurs mais fière ô combien

de cet arbre versé qui barre de ses poings
à la voisine calomnie son seuil morose
Voyez la jalousie chez nous c'est pas petit

À la pointe du deuxième jour
pour brasser dites ça brassait
mais Dieu merci tout allait bien
Enjambant un pêle-mêle de bagages et de corps
elle se fraya chemin en titubant vers les réchauds
Rajusta sa robe dérangée au passage par un vaurien
avant de se mettre en devoir de préparer
tant par habitude de femme
que pour dégourdir son ennui
un gobelet de café au lait épais et sucré
pour mettre bien tout le monde Même ceux-là
qui dos tourné font bande à part à bâbord
sans jamais calculer ni la mer ni les gens
Comme un soc le bateau traçait
draguant dans son sillage des broutilles infâmes
où plongeait ricaneur un vol de goélands
Toute à ses ondoyantes songeries
Puisque la mer n'a pas de branches
où vont donc tous ces oiseaux nicher…
elle sut au soudain tiraillement de ses seins
que son petit enfant resté en ville avait faim
Et voilà que l'angoisse vrille son ventre qui se répand
de la soie de ses cuisses à ses chevilles qui flanchent
et voilà qu'il lui faut mordre à belles dents
la chair de son cœur incontinent
sous le regard du voyou

qui secoue en bâillant
de ses ailes l'ankylose

La souffrance il me confie
à l'évoquer tu l'invites
Seulement le bolide qui roulait vers nous
plus haut que les gratte-ciel du nord
et sulfureux comme l'étuve du Malin
Ça personne ne me l'a dit :
je l'ai vu comme je te vois
toi petit plein d'obédience et d'effroi
travaillé dans ta chair de deux dilemmes
qu'on n'ira pas versifier
dont on ne fera pas poème
Un satané silence l'avait précédé
qui rendait plus assourdissant
le hurlement de ses turbines maudites
Non l'enfer je ne te raconte pas :
tu ne peux saisir un mal si complet
un tout si colossal que l'esprit à tort
s'efforcerait d'y imposer parcelles

Neuvième jour La mer prenait de mauvais plis
et déployait le nuancier de sa fureur
À la tienne mon pote hurlait le capitaine
familier de ses humeurs extrêmes
la mer à traverser c'est pas la mer à boire
Pêcheur de son état il nous servait de pilote
autrement dit c'est gratis qu'il voyageait
Dame : *Qui a le prix du sac de riz*

n'a pas toujours la force de le tirer
Mais la mer comment dirais-je ne décolérait pas
Alors qu'on jette par-dessus bord tout ce qui nous onère
les sentiments d'abord c'est ce qui pèse le plus lourd

J'avais un ami un seul un plus-que-frère
de mon cœur il était la fibre de mes yeux la prunelle
L'étoffe de l'aventurier il ne l'avait guère
— encore moins je l'atteste le pécule
Le cœur gercé par le rejet du clan auquel
jamais il n'avait désespéré d'appartenir
qui sait s'il n'était pas parti par seul amour de moi...
La route et le baiser se prennent mieux sans demander
avançait-il avec un sourire matois
puis : Dieu seul sait mais qu'en sait-Il Lui-même...
C'est qu'au bout de deux nuits de fièvre
il prononçait de bien absurdes patenôtres
Maître du gouvernail dans son délire
il parlait de soi à la troisième personne
et avec une audible majuscule
Par signes il invitait un peuple brouillon
à entrer dans sa nauf et à s'y mettre à l'aise
Et en un mot trop de blasphèmes
Brandissant d'une main un bout d'hiloire
de l'autre une invisible jumelle
il ordonnait à ses hôtes d'augmenter l'allure :
Avant toute et gare aux brisants vous autres
D'un doigt tremblant il montrait l'horizon
où il voyait déjà se profiler des falaises
coiffées selon ses dires d'antiques citadelles

Là-haut j'en réponds vous serez saufs
(mais qu'est-ce que la promesse d'un promontoire
pour ceux que piège la finalité du flot...)
Là-dessus panique et gros temps :
au crépuscule l'esprit perdit son sel
et la bouche sa gouaille
D'abord la nausée l'avait pris et tordu
puis ses lèvres avaient éclaté
jutant comme des baies trop mûres
À la fin on aurait dit une torche
avec ce regard rougeoyant
embouté au bâton de son corps

Et dire qu'on pourrait ramer
arc-boutés au fond visqueux de l'esquif
et courbés à peine sur nos pagaies
Au bois rivés par les serments prêtés
nous ôterions les anneaux de nos doigts
et le souci de faillir plisserait nos fronts
(Car crédit a été pris en notre nom
risques et retours ont été supputés
et ceci est votre mission dans cette histoire :
il recule seulement celui qui ne va pas avant
N'allez donc pas vous en retourner
sans accomplir et pour nos rêves décevoir
Bien sûr personne ne t'oblige à partir
D'ailleurs *quitter au martyr ne donne pas droit*)
Pour commencer on saccaderait la barque
histoire de gagner notre diapason
Puis en joyeuse connivence on forcerait

imposant aux pelles notre désir d'évasion
Et elle (notre barque) d'une traite s'élance
survolant à fleur d'écume des herbiers lascifs
la transhumance de troupeaux innommés
les sept cercles d'ardeur de volcans ensevelis
des épaves des drames profonds et des récifs
Et dire qu'on pourrait ramer
pour négocier nos terreurs
pour resserrer nos rangs
ramer juste pour passer le temps

On l'aura balancé dehors
(mais les choses que Dieu abhorre)
malgré l'accalmie malgré l'étincelle
qui vacillait encore dans ses yeux
avec deux jerrycans d'essence
quelques cartons trois valises
et le reste de nos provisions
Dans mon demi-sommeil
(Judas que je suis
qui lui avais promis-juré
de veiller sur lui
quoi qu'il arrive)
j'ai presque entendu son œil
au contact de l'eau
grésiller
Mais de le laisser tomber pas question
car nous étions quoi qu'on en dise
amis de même âme et matelots l'un de l'autre
sur terre comme sur ce radeau

Je repartirai : un j'ai payé et pour trois essais
deuzio l'océan est à tous ceux qui osent

Donc la mer s'il faut que je la tamise
c'est au van de ma vie que je la passerai
s'il faut la drainer
je signe un pacte avec le soleil
et pour bien la combler-remplir
j'y charrierai tout le sable du Sahel
Bien sûr que je le retrouverai
mon seul ami mon plus-que-frère
mon amant fébrile et pénitent
travaillé jusqu'à l'os de deux dilemmes
qu'on n'ira pas versifier
dont on ne fera pas poème
Car notre connaissance
et voici le vrai
n'est pas pour finir

Grise Ogresse
friande de rêves et de chairs
Boute énorme
où fermentent tant d'eaux usées
à la merci d'un tour de lune
Maudite Mangeuse d'âmes
à la tripe retorse et violacée
longue tu le sais est la rancune des hommes
Gloire aux ventripotents
de l'un et de l'autre bord :
commensurables sont leurs appétits

avec ceux de l'océan
Et gloire au clan
aux bornes et aux frontières
vivent les barbelés de la coutume
où viennent s'épingler
tous ces drôles de papillons
rebelles aux inventaires
légendes et collections
(mais les choses qui à Dieu répugnent)

Plus qu'un harmattan nous affole le spectre de la misère
J'ai vu des coquettes orphelines de leur chair
danser jambe au clair devant un tambour vénal
puis rajuster les ailes de leur mouchoir de tête
et (pour la caméra toujours) lisser leur bazin riche après le
[bal
J'en ai vu d'autres comme qui dirait écorchées vives
venir sans relâche graver sur le sable leur chagrin
maudissant l'œuvre de la vague et du temps
qui ruminent tout pareil hommes et rives
et éructent leurs fragments
en longs jets de saumâtre salive
Et nous aveugles que nous sommes
étalons nos peignoirs sur ces plats cimetières
Et Ndèye la divine enfouit ses orteils mignons
dans toute cette poudre tiède
où tombent les tessons
de son rire cristallin
(hystérique ce texto)
Mais au fond au fond

n'est-ce pas le recto du verso
et la même douleur des mêmes mamans…
(Car de marquer le renoncement
jamais un pas de danse ne sera en mesure)
Et que dis-tu de cette possédée solipède
qui venait nuitamment chicotter la mer
jusqu'au jour où enfin elle comprit
qu'elle s'était trompée d'histoire et de saison…
Revanche et marée ont leur équinoxe
fait la voix rogue d'un camelot
assis en équilibre sur ses ballots

Ah qu'elle était jolie notre pirogue
avec sa coque fraîchement repeinte
de trois ou quatre couleurs gaies
ses bancs polis par l'usage
ses cordages bien lovés
et même autant de gilets de sauvetage
qu'il y avait de femmes et d'enfants
rencognés en poupe sous la préceinte
coincés par le bataclan des autres passagers

Si c'était à midi qu'on avait quitté
on allait tout de suite comprendre
qu'on prenait pied sur un cayuco gâté
équipé vite fait de moteurs-façon
Une épave exhumée de la vase
pour les seuls besoins de la cause
et rafistolée sans rime ni raison
Qu'elle n'avait (cette guigne)

nul savoir des choses océanes
au rebours de nos pirogues d'antan
qui passaient la barre souples et crânes
et s'éloignaient avec un fier balan
Si c'était en plein jour qu'on avait largué
on aurait vu parmi nous assise de biais
la mort qui pour prendre moins de place
croisait les jambes en sainte-nitouche
Et minaudière avec ça
Ne vous dérangez pas pour moi
ce bout de banc à mon besoin suffira bien
elle avait extirpé un cure-dents de sa besace
Ah si le soleil n'avait pas manqué
j'aurais pu découvrir le pot aux roses :
c'est que peint sur la coque de notre sabot
entre deux frises et un envoi
le nom de Charon s'étalait
et en punition pour moins d'équivoque

À tous les gens de bonne foi embarqués
sur les eaux obscures de l'immémorial chaos
là où les djinns furieusement démêlent
leurs longues chevelures lamées
qui flottent dans la bourrasque
mille regrets
mille regrets vraiment
À la traversée de ces stridents cloaques
la terreur cinglait même les moins timorés
que le capitaine faisait lier d'une longe
afin qu'à l'abîme par dizaines ils ne plongent

Ces nuits-là Alassane ou bien était-ce Thierno…
entonnait de longs chants funèbres
que le vide grouillant de véreux mystères
nous renvoyait en écho

Au troisième jour un filet d'eau s'infiltra
par un petit orifice à l'avant du bateau
et vint bassiner les blessures de nos pieds
Comme c'est ma première fois sur la mer
j'ai résolu de garder en bouche des gourdes :
l'étranger a de gros yeux
mais ne voit jamais que ce qu'il veut
Au quatrième jour
l'eau monta un peu un peu
et une algarade éclata
au cinquième une latte céda
et il y eut une échauffourée
une bagarre au sixième
et trois hommes au jus
pour deux mots échangés :
On m'empêcherait peut-être de suivre mon poisson…
Toi aussi tu ne sais pas qu'on a vendu
ce lopin de mer où tu prétends pêcher…
Viens ici qu'on se mêle et que je frotte tes haillons
(Mais *les choses qui ne plaisent pas à Dieu*)
Au septième rien à signaler :
on reçut notre ration et en plus
on apprit dans la foulée
qu'il avait fini et pour de bon
notre manger

Pour peu qu'assoupie elle clapote
nous préparons trois tours de thé
Nous causons oh de tout et de rien
tandis que d'autres en silence écopent
et à tour de rôle pour économiser la sueur
On dit qu'autrefois la mer avait des exigences
ne donnant qu'à ses vrais élus licence
de la monter avec leurs hommes de main
Au final tu connaissais son jeu
et tu connaissais ton cœur
Mais aujourd'hui en fait de miroirs
je ne vois guère alentour
que des flots sans tain
et qu'un immense mouroir
où nous relèguent sans cote
les brutales ordonnances du marché
Au huitième jour
la soif nous a trouvés

Évaporée l'eau de pluie
jusqu'alors tapie dans les plis du prélart
et si rare l'urine que nul n'est plus tenu au partage
Force fut donc aux survivants en poupe tassés
(il n'en restait guère plus du quart)
de puiser dans la conque de leurs doigts
l'eau fatale qui leur ronge la gorge
et leur nargue l'esprit

Au dixième jour la mer reste mâle
et les lames scélérates : enlacées trois par trois

elles tossent notre patera qui embarde
tremble se plaint et ô malheur
croise sept fois d'affilée son sillage
Voilà le moteur qui tout à coup s'emballe
puis s'éteint Retournons au plus vite
bêlent les passagers Quel kriobole se prépare...
Faut-il qu'aujourd'hui nous connaissions notre fin...

Un jeune long et maigre de chair
tâche de s'improviser tribun
au milieu des pleurs des râles et des prières
Ses bras suintent des morsures
qu'un soleil enragé y a imprimées
à travers trois pulls longues manches
que l'un sur l'autre il avait portés
histoire d'éviter tout bagage
Sa langue est tuméfiée sa mâchoire de plomb
Mots qui moussent aux commissures des lèvres
et pupille dilatée par la passion
Comment y s'escrime le pauvre
avec son bruit et ses gestes mièvres
d'abord il bredouille puis s'épanche :
Ensemble nous pouvons gérer ce naufrage
et retourner à notre port d'attache
Regarde : toi pêcheur fils de pêcheur
ce sont les étoiles et le vent qui te boussolent
Celle-ci qu'on dit accoucheuse du ciel
sait faire tomber la pluie — nous en recueillerons l'eau
dans des poches ou encore dans cette bâche
Lui a appris à pêcher au croc et à la traîne :

des poissons nous boirons le bon jus
Aissatou ira sous l'eau calfater la carène
quant à Justin il pansera comme il faut nos blessures
Moi je continue à tenir journal de nos tribulations
Car si on conspue qui se défausse et à juste raison
il y a un salut pour ceux qui reviennent de voyage
un compliment pour ceux qui ayant goûté des périls
retrouvent enfin la route de la maison
S'il vous plaît retournons Sans doute (l'enfant conclut)
entre la goutte et le sel
Dieu peut-il encore mettre le doigt

Dingue ce gosse fit le pilote — visage lunaire
et sourire de l'Ulysse en fin de bourlingue
La mère du téméraire n'a pas de fils
Non seulement le GPS a pris l'eau
mais que je vous ôte d'un doute
le moteur de rechange est HS
Et puis terre à terre comme pas deux
il jette : Toi petit qui as fait l'école
retourne aux champs si ça te chante d'accord…
En tout cas ça ne le fera pas ce bagne
pour ceux qui comme moi
levez la main qu'on vous compte
n'ont pas encore complètement perdu le nord
J'appelle des secours : la terre est à portée
et à portée nos châteaux en Espagne
Au pire nous allons rester une minute
quarantainés dans leurs vieux donjons
Mais votre pays et votre nom

dès qu'au guichet vous les oubliez
on finit bien un jour par vous élargir
Je me présente : Ken Oûtis On dit quoi…
Hein… Allez-vous en chercher…
Nous entrerons dans cet empire
par la petite porte remarquez
Néanmoins ce qui importe au total
c'est de se faufiler entre les mailles du filet
pour profiter à notre tour du pactole
Après tout on ne cherche que le travail

(Mais qu'est-ce qu'un voyage
sinon l'union du mirage à l'impatience…)
Et dire qu'on aurait pu ramer
nuques cassées et poignets en diligence
Dessiner de nos corps accolés une parfaite parabole
Faire trajectoire du décalage infime de nos gestes infiniment
[répétés
Et dire qu'à triche-vague on aurait pu ramer
ramer juste pour tuer le temps
et faire à la mort la nique

Épuisé le gosse s'affale sur les planches
et le cahier de boniments qu'il appelle son journal
va rouler sous un banc où il finit d'être saucé
Mais n'est-ce pas l'insistante sirène
d'un bateau-patrouille qu'on entend à distance…
Pas le temps de nous retourner
qu'il se range à nos côtés fulgurant comme la murène
et nous surplombe (muraille blanche redondante en bouées

radar mégaphone bastingage et cabine étanche)
terminant sec notre vadrouille
Alors Alassane ou bien est-ce Yacine…
se met à fredonner une petite énigme
et c'est sans penser à mal qu'il vous en bousille l'original :
Liberté sécurité et justice sont dans un bateau
Liberté et justice tombent à l'eau
Devinez devinez oh ce qui peut bien rester…

On aide ceux qui ne sont pas morts
seulement paralysés à franchir la passerelle
Les voilà installés sur le pont où sont des tentes
avec eau médicaments et couvertures
Bon Au malheur des autres on est vite aguerri
On apprête alors des brancards pour la confrérie
des becquetés aux yeux par les oiseaux
Beau coup de filet des plus-raidis-que-sauris
des noyés pris dans la mouvance de notre radeau
qui fait eau de toutes parts Faut avouer qu'on assure
Ceux-là flottent sans pouvoir rejoindre les anciens
qui trinquent au fond de la mare
tandis qu'on glisse sur leurs exploits
leur enfer leurs supplices leur amérique enfin
Remorquons cette épave au port à toute vitesse
mais d'abord qu'on la débonde
Touons-la et sans ménager l'aussière
Une fouille à la casse et au cimetière :
encore une qui ne tuera plus son monde
Pourtant un ou deux quotidiens publieront sa photo :
navrés deux plaisanciers scrutent la nacelle

qui offense la plage avant d'être broyée
Menace sur le tourisme
annonce la manchette des journaux

Donc nous voilà comme dit l'autre en sécurité
sauf qu'Alassane ou serait-ce son homonyme
refuse catégorique de quitter la pirogue
Il est toujours assis sur l'éperon
à balancer les pieds et à hocher la tête
en faisant ses rimes et monologues
Soit dit en passant nous le connaissons bien
il n'a jamais été bon pour le quotidien
(mais n'est-ce pas là le propre du héros…)
et on le tient pour planer au-dessus de nos vétilles
On embarquait encore sur le batrouille
quand je l'entends siffler ma devise : Grand
qu'est-ce tu paries qu'ils me verront pas…
Il se lève esquisse un pas de danse
gesticule mouline l'air de ses bras
sabote et piète comme l'albatros empêché :
une vraie pantomime quoi Qu'est-ce que tu paries
qu'ils ne me verront pas passer…
Ni vu ni connu je t'embrouille
Allez on se capte plus tard en ville
Et le voilà qui plonge en vrille
laissant son boonie accroché au rostre
Regardez : il est là entre ciel et mer
entre le sel et la goutte
Disparaît puis refait surface avec un signe de la main
Qui a des yeux pour voir

Mais si pas de doute : ce point là-bas
qu'il s'en serve Dites il nous devance
Si ça se trouve le veinard il est déjà arrivé
Pour maintenant il aura atteint la rive
c'est-à-dire si la rive est pour lui
À chacun sa propre chance
mais tous ceux qui ont du nez
lui envient ce qu'on lui a donné
Alassane si je dis héros
c'est que tu as fermé les voyages
Il est donc temps à présent que *la parole accoste*

New York, avril 2010

DANS LA MÊME COLLECTION

José Eduardo AGUALUSA
La saison des fous

Kangni ALEM
Un rêve d'Albatros

Théo ANANISSOH
Lisahohé
Un reptile par habitant
Ténèbres à midi

Nathacha APPANAH
Les rochers de Poudre d'Or
Blue Bay Palace
La noce d'Anna

Mariama BARRY
Le cœur n'est pas un genou que l'on plie

Pascal BÉJANNIN
Mammo

BESSORA
Cueillez-moi jolis Messieurs...
Et si Dieu me demande, dites-Lui que je dors

Mongo BETI
Le Rebelle I
Le Rebelle II
Le Rebelle III

Florent COUAO-ZOTTI
Poulet-bicyclette et Cie

Jacques DALODÉ
Très bonnes nouvelles du Bénin

Ananda DEVI
Pagli
Soupir
Le long désir
La vie de Joséphin le fou

Aly DIALLO
La révolte du Kòmò

Ousmane DIARRA
Vieux Lézard
Pagne de femme

Eugène ÉBODÉ
La transmission
La divine colère
Silikani

EDEM
Port Mélo

Gaston-Paul EFFA
Le cri que tu pousses ne réveillera personne

Libar M. FOFANA
Le fils de l'arbre
N'körö
Le cri des feuilles qui meurent
Le diable dévot

Mambou Aimée GNALI
Bèto na Bèto. Le poids de la tribu

Emmanuel GOUJON
Depuis le 11 septembre

Sylvie KANDÉ
Lagon, lagunes
La quête infinie de l'autre rive

Fabienne KANOR
D'eaux douces

Humus
Les chiens ne font pas des chats
Anticorps

Edem KODJO
Lettre ouverte à l'Afrique cinquantenaire

Koffi KWAHULÉ
Babyface
Monsieur Ki   Rhapsodie parisienne à sourire pour caresser le temps

Henri LOPES
Ma grand-mère bantoue et mes ancêtres les Gaulois

Antoine MATHA
Épitaphe

Justine MINTSA
Histoire d'Awu

Boniface MONGO-MBOUSSA
Désir d'Afrique
L'indocilité   Supplément au Désir d'Afrique

Scholastique MUKASONGA
Inyenzi ou les Cafards
La femme aux pieds nus
L'Iguifou   Nouvelles rwandaises

Tidiane N'DIAYE
Les Falachas, Nègres errants du peuple juif
Le génocide voilé
Par-delà les ténèbres blanches

Donato NDONGO
Les ténèbres de ta mémoire

Mamadou Mahmoud N'DONGO
La géométrie des variables

Patrice NGANANG
L'invention du beau regard

Arnold SÈNOU
Ainsi va l'hattéria

Amal SEWTOHUL
Histoire d'Ashok et d'autres personnages de moindre importance
Les voyages et aventures de Sanjay, explorateur mauricien des Anciens Mondes

Sami TCHAK
Place des Fêtes
Hermina
La fête des masques

Amos TUTUOLA
L'ivrogne dans la brousse

Abdourahman A. WABERI
Rift Routes Rails
Transit